NON

l'Action Française n'a bien servi

ni l'Église

ni la France

NON

l'Action Française

n'a bien servi

ni l'Église

ni la France

IL A ÉTÉ TIRÉ DE CET OUVRAGE

20 EXEMPLAIRES SUR PUR FIL

LAFUMA, NUMÉROTÉS DE 1 A 20

Numéro 14

NON

l'ACTION FRANÇAISE

n'a bien servi

ni l'Église

ni la France

*« Si ceux auxquels ils reconnaissent le mérite d'avoir discrédité le libéralisme sont les mêmes qui, depuis des mois, dans les colonnes du journal l'*Action française *et ailleurs encore, n'ont rien omis pour discréditer Rome, le Vatican, le Saint-Siège et le Pape lui-même, ils ne leur doivent aucune reconnaissance ; au contraire, ils doivent et ils devront toujours s'en garder, comme ils doivent aussi se garder de tous ceux qui, même après la condamnation, les ont approuvés et leur témoignent leur sympathie. Ils n'ont discrédité le libéralisme politique et social que pour faire place à un libéralisme bien pire : le libéralisme religieux ; ce qui n'est pas le bon moyen de servir la cause d'un monarchisme qui veut réserver à la religion catholique la première place, au moins comme élément d'ordre et comme le meilleur auxiliaire de l'autorité. »*

P. CARDINAL GASPARRI.

(Lettre au cardinal Dubois en réponse à l'adresse des étudiants royalistes de Paris, 21 avril 1927.)

Introduction

Depuis plus de huit mois déjà, cette douloureuse affaire entretient dans les milieux catholiques une regrettable agitation. Les intéressés répètent, avec une insistance que nous devons bien prendre en considération, qu'ils n'ont pas encore compris les raisons de leur condamnation, qu'ils n'ont pas conscience d'avoir jamais démérité, qu'ils gardent toujours l'intime conviction que la cité, la nation, l'Eglise n'ont pas de meilleurs défenseurs qu'eux-mêmes ; bien plus, ils vont jusqu'à dire que leur groupement constitue aujourd'hui le seul rempart de l'ordre contre la Révolution menaçante.

« Nous luttons presque seuls *pour le salut de la France*. Si cette lutte était arrêtée, nos adversaires politiques eux-mêmes savent parfaitement quel organe essentiel manquerait à la défense de la patrie. » (A. F., 29 mars 1927.)

Du reste, tout, semble-t-il, a été fait pour entretenir parmi eux ce déplorable état d'esprit. Dans un but louable d'apaisement et de conciliation, jusqu'à ces derniers temps, on a cru de bonne tactique, pour leur faciliter le devoir de la soumission, de magnifier les gestes de leur passé, de glorifier leur dévouement à l'Eglise et à la patrie, de dresser complaisamment le bilan des services qu'ils auraient rendus à l'une ou à l'autre.

Dans son ensemble, la presse catholique a estimé que cette méthode s'imposait. Pour la première fois depuis trente ans, nous avons constaté que quotidiens ou revues, journaux parisiens ou régionaux, renonçaient au rôle que nous leur avons toujours vu revendiquer dans tant d'affaires précédentes. La presse, nous dit-on sur tous les tons, n'a pas à se prononcer ; le respect qu'elle porte à la suprême autorité qui s'est saisi de l'affaire exigerait qu'on se contente de reproduire servilement les textes et les documents officiels. Affaire réservée ! le devoir du journaliste est de se taire, d'envelopper de silence les manifestations bruyantes de cette petite poignée de révoltés...

L'appel plusieurs fois réitéré du Vatican à la presse catholique reste sans écho (1). Vraiment, on

---

(1) Citons par exemple ce texte emprunté à l'allocution de S. S. Pie XI au consistoire du 20 décembre 1926.

« ... Qu'ils (les évêques) reçoivent l'expression toute spéciale de Notre bienveillance, eux et tous ceux qui, manifestant leur foi dans leurs actes, ont reçu Nos paroles comme celles du Vicaire de Jésus-Christ, avec autant de respect que d'affection, ceux qui les ont fait connaître par la parole ou par la plume, auprès d'eux ou au loin, ceux qui, enfin, s'en sont faits les interprètes sincères et fidèles et, chaque fois qu'il a fallu, les énergiques défenseurs.

La *Documentation catholique*, en note, donne les trois télégrammes suivants, dont le rapprochement semble particulièrement significatif.

La direction de *La Croix* avait adressé au Vatican au cours des fêtes de Noël, la dépêche suivante :

« *Cardinal Gasparri, Vatican, Rome,*

« *En ces fêtes Noël* Croix *Paris prie Votre Eminence déposer au pieds Souverain Pontife avec vœux grande*

ne nous avait pas habitués à une pareille réserve, à des délicatesses aussi scrupuleuses, à des prudences aussi systématiques.

Et, cependant, il se trouve toujours quelques âmes généreuses qui estiment encore insuffisante la timidité invraisemblable de nos grands périodiques. Une grande voix, — qu'on ne se souvient pas d'avoir entendue avec autant d'éclat lorsque l'*Action française* poursuivait contre les gloires les plus incon-

---

famille Croix *nouvelle protestation de filiale obéissance aux enseignements et directives chef de l'Eglise. Elle désire plus que jamais travailler efficacement à union des catholiques dans action pour conquête libertés religieuses, Sollicitant paternelle bénédiction.*

« *Direction* Croix, *Paris.* »

Elle reçut en réponse le télégramme suivant :

« *Rome,* 28 *décembre,*

« *Sa Sainteté, particulièrement sensible vœux Noël, avec nouvelle protestation de filiale obéissance à Ses enseignements et directives, remercie de cœur grande famille* Croix *et encourage à continuer la noble défense de ces enseignements et directives, tout en travaillant pour obtenir l'union des vrais catholiques pour la conquête des libertés religieuses. Avec Ses vœux des meilleurs fruits de cet apostolat, il envoie très spéciale Bénédiction apostolique.*

« CARDINAL GASPARRI. »

Le directeur de la *Vie Catholique* reçut, de son côté, le télégramme suivant, adressé spontanément par le Vatican :

« *Rome,* 28 *décembre,*

« *Saint-Père, vous félicitant courageuse croisade* Vie Catholique, *pour défense directives et enseignements Saint-Siège, bénit de tout cœur revue, directeur, rédacteurs et lecteurs, formant vœux que tous les catholiques s'inspirent du noble exemple.*

« CARDINAL GASPARRI. »

testées de la France catholique la campagne que l'on sait, — vient aujourd'hui nous exhorter à la charité entre frères.

... Et cependant, depuis huit mois, on devrait pouvoir juger les résultats de cette déplorable attitude.

Nous avons sous les yeux le tableau des ravages que quelques individus, n'ayant aucune influence véritable dans le pays, ont pu causer dans nos diocèses et dans nos paroisses.

La résistance, loin de se ralentir, s'intensifie, se développe, s'organise. Ils se font gloire d'avoir vu grandir le nombre de leurs adhérents, augmenter le chiffre de leur tirage.

Leurs polémiques deviennent chaque jour plus audacieuses.

Sept ou huit cardinaux ont déjà subi leurs sarcasmes, leurs injures, leurs calomnies. Les décisions de deux Congrégations romaines sont moquées, bafouées, bravées.

Les notes communiquées par le Vatican lui-même à l'*Osservatore Romano* servent de prétexte à la plus violente campagne contre le journal officieux du Saint-Siège.

La haute personnalité du Souverain Pontife n'est pas à l'abri de leurs coups ; on nous rappelle avec complaisance les crimes des papes ; on affirme que le grand lettré, le savant consciencieux que la Providence a placé sur le siège de Pierre aurait pu se laisser tromper par de puériles manœuvres ; lui-même se serait prêté à une indigne falsification de documents, fabriquant pour les besoins de la cause un prétendu décret de la Congrégation de l'Index fabriqué de toutes pièces par des faussaires.

Et tous ces faits qui sont d'hier, dont l'évidence nous apparaît si éclatante, n'ont pas encore convaincu tant de braves gens qui viennent sans cesse nous parler, à contre-sens, de charité pour ces pauvres victimes.

Et on nous refait encore aujourd'hui la liste de ces fameux services qu'ils auraient rendus à l'Eglise, et on nous assure que, pour faciliter à des frères le devoir difficile de l'obéissance, il n'est pas d'autre méthode que de fermer nos yeux et nos oreilles, de mettre un sceau sur nos lèvres : nous devons tout accepter, tout tolérer : ce sont de si beaux défenseurs de la foi ! Laissons donc à notre Père commun insulté le soin de se défendre. Ayons compassion de ces malheureux, victimes des rigueurs incompréhensibles d'un Pontife sévère (1).

(1) Voici quelques extraits de l'article du colonel Keller. Nous empruntons ces citations à l'*Action française* du 19 mars 1927 :

« Mais encore une fois, écrit-il, de tels retours sont impossibles dans la fièvre des hostilités : il leur faut le silence, ils réclament une ambiance de charité où ils soient attendus et désirés.

« Pourquoi donc frapper des frères qui relèvent de la justice paternelle ? Est-ce bien, lorsqu'ils sont sous le coup de sa sévérité, le moment à saisir pour relever les griefs que l'on peut avoir contre eux, si légitimes qu'ils paraissent ? Défenseurs intègres de la Foi, je le veux bien, mais que font-ils du premier des préceptes évangéliques : « Aimez-vous les uns les autres ? »

« ... Je sais bien ce que l'on va me répondre : « Nous voulons tout simplement, me dira-t-on, que le Pape soit obéi et nous ne connaissons plus ceux qui méconnaissent son autorité ! » Cette résolution est, en effet, parfaitement simple, beaucoup trop simple malheureusement, car elle ne résout rien. Des milliers d'âmes et de belles âmes sont en cause — vous le dites en grave danger — ; l'union des forces catholiques est en jeu, à l'heure où elle est plus nécessaire que jamais pour sauver l'avenir religieux de la France. Ignorez-vous ces intérêts capitaux ou les repoussez-vous à la dérive d'un

Eh bien, non, il nous apparaît que c'est justement cette méthode qui a rendu si dur, si cruel, le sacrifice exigé.

On peut plier des fronts dans un geste d'obéissance hypocrite ; on ne convainc pas des intelligences, on ne touche pas les cœurs par cette méthode peureuse.

On peut obtenir ces soumissions verbales qui scandalisent tout autant le bon peuple fidèle que certaines révoltes ouvertes. Qui de nous n'a pas entendu une fois ou l'autre de pieux fidèles et parfois même des prêtres nous commenter le *Credo quia absurdum* ? Et j'ai là sous mes yeux une lettre révélatrice de ce douloureux état d'esprit : « Ma raison, mon expérience de la vie, tout ce que je sais du passé de la France et de l'Eglise me crient que l'Action française est victime d'une injustice, mais le Pape a parlé, je lui obéis sans comprendre. J'obéis, je me désabonne à l'*Action française ;* mais personne ne peut me demander d'extirper de mon cœur les sentiments de vénération, d'admiration, de reconnaissance que j'éprouve pour les valeureux adversaires du laïcisme, du modernisme, et de toutes les hérésies modernes. »

Cette lettre, je la reçois chaque jour, sous une forme ou sous une autre. L'Action française par tous les moyens s'efforce d'entretenir cet état d'esprit parmi ses fidèles.

---

geste impitoyable avant de savoir s'il n'y a pas quelque chance de les sauvegarder. Pour ma part, je me refuse à souscrire à la perte définitive de compagnons de lutte dont je sais la valeur, aussi bien qu'à accepter l'amoindrissement qui en résulterait pour nos organisations de résistance et pour toute l'action catholique. Tant qu'il restera un espoir d'éviter à eux et à nous ce double désastre, de toute mon âme je demanderai aux hommes de leur tendre une main secourable et je supplierai Dieu de nous les ramener au pied du trône paternel. »

L'*Action française*, dans l'article audacieux par lequel elle prétend répondre à la Consultation de la Sacrée Pénitencerie apostolique écrivait : « Quelle soumission demande-t-on dès lors ? Celle des âmes ? On les bouleverse, on les déchire, puisque du côté où elles implorent habituellement la lumière, leur viennent les ténèbres d'une justice incompréhensible. Nulle soumission intérieure n'est réalisable. Il ne reste d'ouvert que le parti de l'hypocrisie servile. » (A. F., 25 mars 1927.)

Eh bien, c'est contre cette attitude que nous voulons nous élever. Déjà nous avons eu l'occasion de dire plusieurs fois dans la *Vie Catholique* notre conviction que, pour ramener la paix dans les esprits, il faut avoir le courage de leur dire la vérité, la vérité tout entière.

Il faut leur démontrer que le Pape n'a point agi par caprice, manœuvré par des ennemis de notre pays. Il faut leur prouver que si leur mouvement a été condamné, c'est qu'il était condamnable. Et quelques-unes des raisons de cette condamnation constituent déjà un réquisitoire accablant.

Aux âmes de bonne foi qui pourraient encore rester attachées à ces maîtres, il faut montrer qu'elles avaient déjà subi l'influence pernicieuse de la doctrine condamnée... Il faut arracher leurs illusions, troubler la quiétude des consciences erronées, révéler à ces partisans, non plus seulement les périls, mais les fautes, les crimes contre l'Eglise et la patrie où les entraînerait une révolte prolongée.

Voilà ce que d'innombrables correspondants nous demandent sans cesse. Voilà ce qu'attend, ce que réclame l'élite avertie de nos diocèses et de nos œuvres. Le silence ne suffit plus, l'équivoque ne pourrait se prolonger sans péril, il faut en finir avec cette lamentable affaire, car il est bien évident que les résistances manifestes que les directives pontificales ont rencontrées dans certains milieux proviennent uniquement des espérances qu'un certain nombre de catholiques avaient placées dans le mouvement condamné.

Il n'est donc pas étonnant qu'on veuille savoir aujourd'hui quelle était en définitive la valeur exacte du concours qu'on avait surestimé.

Et, si invraisemblable que cela paraisse, il est certain que l'opinion catholique a besoin qu'on lui démontre que l'avenir de l'Eglise et de la France n'est point compromis — tant s'en faut — par la condamnation de l'Action française et les défections regrettables qui pourraient en résulter.

Nous pouvons donc dire qu'en publiant cet ouvrage nous avons conscience de répondre au désir clairement manifesté de l'immense majorité des catholiques français... N'est-ce pas aussi répondre à un désir du Souverain Pontife lui-même, qui, il y a quelques semaines à peine, insistait sur cette même idée, affirmant : « Il n'y a que la vérité qui sauve... » ?

Nous avons trouvé là une indication utile, une directive. Le Souverain Pontife nous dit la conviction qu'il a retirée de l'étude personnelle du dossier de cette affaire ; les esprits réclament avant tout la lumière, la vérité. Nos prudentes réticences sont jugées dangereuses. Il faut porter les pièces de ce procès devant l'opinion catholique attentive, il faut examiner consciencieusement ces fameux titres de gloire qui justifieraient la procédure exceptionnelle qu'on nous propose au bénéfice des révoltés qui, cependant, par leurs services passés, auraient mérité un traitement de faveur.

En frappant l'*Action française*, le Saint-Père a-t-il véritablement compromis notre sécurité nationale, troublé la paix intérieure, rendu impossible l'union entre les catholiques.

Voilà posé dans toute sa netteté le problème qu'on n'ose regarder en face. Nous en rechercherons la solution sans mêler à notre démonstration d'inutiles violences verbales, oui, certes, mais sans avoir peur, non plus, d'opposer à leurs orgueilleuses prétentions, ou un prudent scepticisme ou, s'il y a lieu, les plus catégoriques démentis.

* *

Deux chapitres préliminaires présenteront l'histoire rapide du conflit... Il importe qu'on sache si véritablement la condamnation de l'*Action française* n'est intervenue que pour soutenir la politique de Thoiry. Le récit des événements de 1913 et 1914 montrera aux esprits les plus prévenus qu'avant la guerre déjà, les évêques de France s'étaient inquiétés de l'influence grandissante de MM. Maurras et Daudet, sur toute une partie de notre jeunesse, et la Congrégation de l'Index consultée rendit à l'unanimité un décret, auquel Pie X donna son assentiment tout en différant la publication. En rappelant dans quelles circonstances Pie XI fut appelé à examiner personnellement cette affaire, nous avons été amenés à consacrer plusieurs pages à l'enquête belge, et si les singulières conclusions de cette enquête ont eu un rôle déterminant dans l'esprit du Souverain Pontife, nous pouvons donc faire observer que ces faits ruinent complètement la ridicule hypothèse de l'*Action française*. Ce n'est pas M. Briand qui a averti le Souverain Pontife des périls redoutables que *l'Action française* faisait courir à la doctrine et à la morale, ce seraient bien plutôt les professeurs des universités catholiques de Belgique, par leur réponse vigoureuse à la campagne des admirateurs de M. Maurras qui ont achevé de le décider à intervenir personnellement.

☘ ☘

Quelques pages concises d'un savant religieux signaleront quelques-unes des erreurs doctrinales de l'A. F. Ce chapitre fait partie intégrante de notre démonstration. Il faut qu'une fois pour toutes il soit bien entendu que l'Eglise n'a point condamné l'Action française pour des *raisons politiques*. Mais l'objet essentiel de notre débat est moins spéculatif que pratique. Ce sont des faits que nous avons l'intention d'apporter.

☘ ☘

La doctrine condamnée avait eu déjà l'influence la plus pernicieuse sur les esprits et les cœurs des catholiques qui s'étaient mis imprudemment à l'école de ces maîtres dangereux. Nous ne faisons qu'indiquer, faute de pouvoir tout au long les dénombrer, les déformations profondes de l'esprit chrétien qu'on pouvait déjà constater chez presque tous les adeptes de *l'Action française*. Car enfin le nombre est infime des catholiques, même n'appartenant pas à *l'Action française*, qui ont eu le courage de leur dire en face que certaines injures, que certaines calomnies, que certaines campagnes, que certaines menaces, que certaines violences étaient contraires à l'esprit même de l'Evangile. Ils osaient tout dire, tout entreprendre, tout faire, et nous qui les regardions avec stupeur, ne pouvions même pas tenter de leur crier en face notre indignation ! Dans quel journal aurions-nous pu écrire qu'aucun catholique ne devrait tolérer sans humiliation profonde de voir des hommes comme Brunetière, Bazire, Piou, Bremond, Marc Sangnier, Jenouvrier, de Lamarzelle, Georges Goyau, bassement injuriés. Nous supportions notre honte en silence, et nul n'avait le courage de secouer le joug tyrannique de cette poignée de sectaires qui avaient la prétention d'imposer à l'Eglise ses méthodes de violence, ses polémiques haineuses comme le seul moyen de salut.

❧ ❧

Il nous faudra ensuite examiner un à un leurs fameux titres de gloire, ces hauts faits qui leur mériteraient à jamais notre reconnaissance insigne...

Ils ont rétabli le culte de Jeanne d'Arc, prédit la guerre, démasqué les espions, préparé et imposé à la Chambre le rétablissement de l'ambassade au Vatican. Ils forment le seul rempart contre la révolution à l'intérieur et contre les entreprises de l'ennemi séculaire de notre pays. Seuls, ils suffisent à inspirer à Berlin et à Moscou la crainte salutaire..

Et puisque leurs audacieuses affirmations ont convaincu un trop grand nombre de catholiques, nous ne nous contenterons pas — comme nous en aurions la tentation — de dresser la liste de leurs prétentions, nous démontrerons par des faits précis le ridicule, l'odieux même de cette présomptueuse vanité.

❧ ❧

Pour en juger plus sûrement, nous aurons recours à une autre preuve, dont les éléments sont encore plus faciles à rassembler : comment ces admirateurs de la hiérarchie, comment ces catholiques qui prétendaient avoir retrouvé à l'école de leurs maîtres positivistes le culte de l'ordre, de l'autorité, la nécessité de la discipline, comment ont-ils reçu les exhortations de leurs évêques, les condamnations de l'*Index*, les consultations de la Sacrée Pénitencerie ou les blâmes indignés et attristés de l'auguste Pontife qui leur avait cependant témoigné tant de mansuétude ?

Leur scandaleuse révolte, si elle avait été mise en pleine lumière, devait suffire à éclairer définitivement un grand nombre d'esprits droits, égarés à leur suite. Il suffisait d'exposer, sans presque qu'il soit besoin de réfuter. Nous savons, puisque nous en avons le témoignage écrit, combien de leurs fidèles n'ont vu clair qu'en parcourant le sinistre bilan de leur semaine anticléricale. Le souverain Pontife ne se lasse point de dire et de répéter que cette douloureuse constatation, cette révélation des esprits et des cœurs lui apporte cependant d'une certaine façon, une triste consolation. Rien ne pouvait mieux justifier sa haute intervention, la condamnation qui les frappe. Leur révolte même établit bien à quel point ils avaient déjà ruiné, miné dans les âmes le vrai sens catholique.

❧ ❧

Enfin, il nous restait à faire le dénombrement véritable de leur force. Car enfin que sont-ils, que représentent-ils, eux qui voulaient imposer à l'Eglise en France, avec l'hégémonie de leurs maîtres incrédules, leurs haines, leurs violences, leurs compromettantes préférences politiques ?...

Après vingt ans de campagne, on peut bien leur demander de montrer leurs effectifs, de nous faire connaître le nombre de leurs adhérents ou de leurs lecteurs.

Du reste, nous avons pour en juger d'autres éléments d'appréciation. A plusieurs reprises, ils ont fait quelques expériences électorales. Nous avons pu, sinon les compter (puisque, ne se présentant pas sous leur étiquette, ils bénéficiaient des voix de partis nationalistes, constitutionnels), mais du moins évaluer leur force véritable.

Sur ce terrain, ils n'existent pas, leur influence est négative, ils ne peuvent que compromettre le succès des candidats disposés à défendre au Parlement les droits de l'Eglise.

Dans nos paroisses, dans nos œuvres, on les retrouve encore, toujours prêts à utiliser les forces mobilisées de l'Eglise en France, mais nous montrerons que leur concours n'a pas toujours été désintéressé.

* *

Voilà ce que nous avons voulu faire, et, en une puissante conclusion, l'un de nos plus éminents collaborateurs montrera une fois de plus le grand, l'immense bienfait, rendu à l'Eglise et à la France par l'auguste Pontife qui a condamné l'Action française.

Voilà clairement et simplement exposées les raisons qui nous ont incités à entreprendre cette publication ; les collaborateurs les mieux qualifiés nous ont apporté leur concours. Prêtres, religieux, professeurs de Facultés, écrivains, journalistes, ont collaboré à cette œuvre de vérité. Dès la première heure, j'ai eu la conviction, que j'ai, le premier, exprimé à tous mes collaborateurs, qu'il serait préférable que cette œuvre collective demeurât anonyme. Nous exposons des faits, nous dénonçons les périls d'un système, les ravages exercés dans des âmes par leur propagande pernicieuse. Et cela seul importe. La haute discussion que nous voulons instituer ne doit pas être ramenée, comme ils en ont la coutume, à une querelle de personnes. Après un consciencieux examen, cette tactique a été adoptée.

Nous ne savons que trop certes qu'ils ne manqueront point de nous reprocher une méthode que nous employons dans le seul but de garder au débat plus de dignité, afin de leur enlever même le prétexte d'injurier, lorsqu'on leur demande de méditer, — de calomnier, lorsqu'on les invite à s'humilier, s'ils veulent trouver la force et le courage d'obéir.

Sans doute leur journal tentera quelque rapprochement entre cette méthode, qui demande à l'auteur de s'effacer pour mettre en plein relief l'idée de l'exposé du fait et leur pauvre tactique qui consiste à opposer aux décrets les plus authentiques de Congrégations romaines l'autorité de théologiens anonymes, ou aux affirmations du Souverain Pontife les fables ridicules de prétendus témoins qui taisent leurs noms ? Dans un débat contradictoire, nul témoignage n'est valable si celui qui le porte se refuse à montrer son visage, ou à découvrir sa personnalité, son honorabilité.

Ici il ne s'agit point de témoignages; nous apportons l'exposé objectif de faits que chacun peut contrôler. Les faits que nous invoquons ont eu la France catholique tout entière pour témoin, et sans doute, M. Léon Daudet n'entend point contester qu'il est l'auteur de l'*Entremetteuse*, M. Maurras d'*Anthinéa*, et l'un et l'autre qu'ils ont mené en compagnie de MM. Larpent, Pujo, etc... les plus audacieuses campagnes de diffamation, d'injures contre des hommes comme M. Goyau.

Du reste, pour leur enlever même ce prétexte, il a été décidé que l'éditeur qui a eu l'initiative de cet ouvrage, qui en a dressé le plan, qui a sollicité les collaborations, revu et accepté les manuscrits, prendrait publiquement la responsabilité de cette publication. Rien n'est dit, là, que je n'aie approuvé, accepté. C'est donc sans aucune espèce d'hésitation, ni de réserve que je prends l'entière responsabilité de ce livre comme de chacun de ses chapitres.

Et si cela me doit quelques injures supplémentaires, mes collaborateurs savent bien qu'elles ne sauraient troubler ma tranquillité, mais je tiens à leur dire toute ma reconnaissance émue de m'avoir laissé le grand honneur de présenter au public catholique cet ouvrage qui sera, nous n'en doutons pas, l'une des plus éclatantes justifications de la condamnation de l'Action française et qui, aussi, pourra contribuer à éclairer quelques âmes. Ah ! qu'on ne nous dise point que nous avons accompli notre tâche avec une joie mauvaise. Non, pas un seul instant nous n'avons oublié qu'il y aurait des âmes inquiétées, déchirées, qui souffriraient cruellement à la lecture de ce livre sévère.

A celles-ci nous voudrions faire comprendre que tout véritable catholique partage leur douleur et la respecte. Le chirurgien n'est pas nécessairement insensible en présence de son patient torturé...

Si nous avons porté le fer dans la plaie infestée, nous l'avons fait, et nous le disons — au risque de nous faire railler, — nous l'avons fait avec *charité*, avec confiance.

Catholiques, qui avez aimé, soutenu, encouragé, défendu les opinions, les méthodes, les tactiques aujourd'hui condamnées, vous n'avez plus rien à attendre du mouvement qui vous les avait présentées et des chefs qui vous ont attiré cette cruelle épreuve.

Refaites le bilan de tant d'efforts perdus et sans vous décourager et dans les directions nouvelles avec d'autres chefs, d'autres programmes, reprenez place dans la grande armée catholique.

Et votre dévouement, et votre désintéressement personnels, votre ardeur militante que nul n'a jamais songé à contester, pourront grandement servir au bien de la France et de l'Eglise.

FRANCISQUE GAY.

La condamnation de l'*Action Française*

L'*Action française* — qui a toujours eu toutes les audaces — a eu celle, vraiment inconcevable, de prétendre que la juste condamnation religieuse, exclusivement religieuse, qui l'a frappée, avait une origine politique.

C'est le patriotisme français lui-même, dans sa citadelle la mieux fortifiée, que les plus hautes autorités religieuses auraient voulu atteindre. M. Aristide Briand, et même la Sûreté générale, ne seraient pas étrangers à ce noir complot qui évoque les pages les plus sombres des pamphlets d'Eugène Sue contre la « Congrégation ».

Aussi les auteurs de ce mauvais roman feuilleton qui serait bouffon s'il n'atteignait au suprême degré de l'insolence pour l'autorité religieuse, sont-ils conduits tout naturellement à soutenir que la condamnation a été soudaine, que nulle autorité religieuse ne s'était émue de leur paganisme orgueilleux, de leur antichristianisme blasphématoire, avant que triomphât la politique de Genève et de Locarno qu'ils accusent le Saint-Siège de favoriser dans une intention germanophile et francophobe.

A ces affirmations aussi follement imprudentes que radicalement fausses, nous n'aurons pas de peine, sur ce point comme sur tous les autres, à opposer des faits précis et des textes formels.

Ils établiront péremptoirement que, bien avant Genève, Locarno et Thoiry, bien avant la guerre de 1914 elle-même, il y a quinze ans au moins, il y a presque vingt ans, des prêtres éminents, des évêques, le Saint-Siège lui-même éprouvaient les plus vives inquiétudes à l'égard du *péril religieux* que constituait, pour les catholiques, l'école de l'*Action française* (1).

Premiers avertissements

En vain, objecterait-on que ces inquiétudes — du moins pour un grand nombre — ne s'exprimèrent pas publiquement. Cette objection ne saurait qu'aggraver encore le cas de l'*Action française* ; car il est bien prouvé — l'*Action française* elle-même l'a reconnu — que les avertissements privés ne lui manquèrent point. Elle aurait eu tout le temps, si elle l'avait voulu, de s'amender, de se réformer. Elle n'a

(1) C'est à dessein que nous n'avons cité ici que des témoignages de prélats français ou d'ecclésiastiques éminents qui n'ont pas eu l'occasion de prendre, du moins ouvertement et directement, position contre l'*Action française*, et d'être engagés dans les polémiques anciennes. Nous devrons donc nous contenter de mentionner les ouvrages de MM. Laberthonnière, Lugan et Pierre, ainsi que les articles de MM. Etienne Lamy et Fidao-Justiniani dans le *Correspondant*.

pas su, elle n'a pas voulu comprendre l'obligation que lui imposait la discrétion bienveillante de l'autorité religieuse. Elle n'a rien modifié à sa doctrine. Elle a conservé comme chefs d'école, comme « maîtres », des hommes dont l'athéisme, le paganisme, l'antichristianisme. inspiraient profondément toute sa doctrine, même sociale et politique.

A la fin, le scandale a été trop patent, le péril trop pressant pour que l'Eglise persistât dans une attitude de discrétion dont l'*Action française* profitait pour rendre plus nocif son enseignement et pernicieuse son influence sur la jeunesse : l'Eglise a parlé et, devant la révolte ouverte, injurieuse qui accueillit sa parole, elle a condamné...

Nul mensonge, nulle perfidie ne feront que ce qui a été écrit ne l'ait pas été, et que des faits, qui appartiennent désormais à l'histoire, ne se soient pas produits.

Mgr Péchenard, évêque de Soissons (1910-1913)

« Je vous remercie, écrivait, le 29 novembre 1910, Mgr Péchenard, évêque de Soissons, ancien recteur de l'Institut catholique de Paris, à M. l'abbé Pierre, auteur de l'ouvrage *Avec Nietzsche, à l'assaut du christianisme,* je vous remercie de démasquer courageusement cette officine d'abominables doctrines : l'athéisme, le matérialisme, le mépris de notre sainte religion, l'outrage à Jésus-Christ, l'insulte à toutes les vertus chrétiennes, la glorification de toutes les concupiscences, de la volupté, de l'ambition, de l'orgueil, le culte de la force, l'oppression de tout ce qui est faible. Et dire que l'on songe à édifier un régime politique sur ces négations et ces ruines, et qu'on voudrait nous forcer à nous incliner devant de telles monstruosités.

« Combien sont aveugles et égarés les quelques catholiques et, surtout, les prêtres qui ne craignent pas de collaborer avec ces apôtres du néant doctrinal et de l'oppression » (1).

Donc, dès 1910, seize années avant la lettre publique de S. Em. le cardinal Andrieu, l'attention si vigilante et si éclairée de Mgr Péchenard avait été appelée déjà sur les mêmes périls.

Mais comme, à propos d'autres témoignages, l'*Action française* n'a pas hésité à écrire que la bonne foi des témoins avait été surprise, ou que leur jugement s'était, par la suite, modifié, nous tenons à déclarer que Mgr Péchenard, en 1913 et en 1914, a formulé, avec plus de force encore s'il est possible, le même témoignage.

M. l'abbé Pierre ayant composé ses divers ouvrages sur l'*Action française* de textes empruntés aux écrits des chefs qualifiés de l'école, Mgr Péchenard lui écrit le 24 mai 1913 :

« Je me demande s'il n'y a pas quelque danger à mettre sous les yeux des lecteurs, sans distinction, les affirmations honteuses et blasphématoires de ces néo-païens, surtout de ce Stendhal qui me paraît particulièrement repoussant. »

Aussi Mgr Péchenard, pleinement conscient du danger, appelle-t-il de tous ses vœux ce jugement de Rome qui devait être prononcé dès l'année suivante, mais dont la promulgation — pour les raisons que

---

(1) Ces textes et plusieurs des suivants sont extraits de la brochure de M. l'abbé Pierre : L'*Action française* en 1923, pages 5 et suivantes.

nous dirons plus loin — devait être retardée jusqu'à l'année 1926 :

« Je me réjouirai sincèrement le jour où Rome, revenue d'une première surprise (*mais Rome a-t-elle jamais été surprise ? — Note de l'éditeur*), et qu'ils croient avoir circonvenue et tenir ligotée, condamnera ces ennemis de Jésus-Christ qui travaillent à déchristianiser le monde ; j'en ai parlé fort nettement à S. Em. le cardinal Merry del Val (alors secrétaire d'Etat) et à plusieurs cardinaux, cet hiver dernier, à l'occasion de mon voyage *ad limina...* »

C'est assez dire combien, au regard du savant évêque de Soissons, ancien recteur de l'Institut catholique de Paris, une condamnation s'imposait... L'*Action française* dira-t-elle que Mgr Péchenard, lui aussi, était manœuvré, à son insu, par M. Briand et la Sûreté générale ?

Nous pourrions citer plusieurs lettres encore de Mgr Péchenard... De l'une d'elles, datée du 15 mars 1914, c'est-à-dire d'une époque où Rome, sans que le prélat s'en doutât, avait déjà jugé la cause, nous détachons ces quelques lignes : c'est un véritable cri d'alarme :

« Quel péril, pour l'avenir du catholicisme en France, si sous couleur de politique, on infestait l'esprit de notre chère jeunesse de ce détestable athéisme qui nous ferait descendre au-dessous du paganisme, et l'on y arriverait infailliblement le jour où ces prédicants d'irréligion et d'immoralité seraient acclamés et suivis comme les éducateurs d'une nouvelle génération. »

Mgr Mignot, archevêque d'Albi (1913)

Cette opinion si autorisée et si fortement motivée d'un évêque français — puisque ce sont les motifs mêmes, invoqués par lui, qui ont été retenus par le Saint-Siège — était-elle isolée dans l'épiscopat ?... Non pas. C'est dans une lettre adressée à M. l'abbé Pierre également que Mgr Mignot, archevêque d'Albi, le 27 mai 1913, flétrissait « les scandaleuses théories de ceux que, par une étrange alliance de mots, on nomme athées-catholiques ».

« Athées-catholiques », le terme a de quoi surprendre. Il s'expliquait, hélas ! parfaitement sous la plume du prélat. Un des écrivains libres penseurs en lesquels l'*Action française* saluait des maîtres, M. Jules Soury, n'avait-il pas osé écrire : « Il existe, en France, une Eglise d'athées catholiques » ? Notre rôle d'historien loyal, scrupuleux même, de l'une des crises les plus graves qu'ait subies la pensée catholique en France, nous oblige à remarquer, d'ailleurs, que de très regrettables audaces ou imprudences de langage, échappées, en vertu d'une sorte d'aberration, à quelques ecclésiastiques, avaient pu donner à penser à des hommes comme M. Jules Soury qu'une « Eglise d'athées catholiques » n'était pas le plus monstrueux et le plus blasphématoire paradoxe. On se rappelle les paroles angoissées de Mgr Péchenard, déjà citées: « Combien sont aveugles et égarés les quelques catholiques *et surtout les prêtres* qui ne craignent pas de collaborer avec ces apôtres du néant doctrinal et de l'oppression ! »

Or, M. l'abbé Delfour, par exemple, s'était laissé aller à écrire, parlant à M. Maurras : « Dites enfin que vous êtes catholique, car vous l'êtes jusqu'au fond du cœur, vous l'êtes jusqu'aux moelles. » Eh bien ! non, M. Maurras n'est pas catholique. Tous les catholiques, sans distinction, certes, eussent applaudi à une profession de foi catholique de M. Maurras, si M. Maurras avait été vraiment catholique, mais, encore une fois, il ne l'est pas, il n'est même rien moins que catholique.

Autre exemple de cette aberration : M. l'abbé Appert, curé d'Aigny (Marne), dans une lettre que l'*Action française* publiait le 26 novembre 1913, commentait en ces termes le « petit discours » que l'*Action française* tient aux « croyants » comme aux « incroyants » : « On n'entre pas chez nous, si l'on n'est, politiquement et en tant que Français, catholique. Métaphysiquement, *théologiquement, soyez ce qu'il vous semble*. Nous n'enseignons pas les causes premières ; nous ne discutons pas les dogmes. Ce n'est pas notre rôle ; nous ne sommes pas l'Eglise enseignante... »

Heureusement, car l'Eglise enseignante déclare que, pour être catholique, il est essentiel, et non pas secondaire, de l'être « théologiquement ».

On conçoit l'émoi de Mgr Mignot en présence de si formidables et déconcertantes théories. Oui, il y avait bien là un péril religieux grave, — un péril, d'ailleurs, exclusivement religieux. La fin de la lettre de Mgr Mignot répond par avance à la diversion que, treize années plus tard, devaient tenter les chefs de l'*Action française* pour faire croire qu'on lui cherchait une vaine querelle politique. Politiquement, en effet, l'éminent prélat, qui n'était point personnellement monarchiste, croyons-nous, « trouvait légitime le but qu'ils poursuivent. Mais, ajoutait-il, écrivant toujours à M. Pierre, ce que nous ne pouvons condamner trop sévèrement, c'est ce que vous appelez le retour au paganisme. Vous avez raison de mettre en garde vos lecteurs, non contre des idées politiques, qui sont du domaine de la discussion publique et de la polémique quotidienne, mais contre des théories antichrétiennes qui sont aux antipodes de l'*Instaurare omnia in Christo* ».

Mgr Chapon, évêque de Nice (1913)

Mgr Chapon, évêque de Nice, n'était pas moins inquiet que ses vénérés collègues d'Albi et de Soissons. Il jugea même à propos, quant à lui, de dénoncer publiquement, mais sans nommer l'*Action française,* ce qu'il appelait « un retour des mœurs et de la mentalité païennes » dans une lettre pastorale datée du 25 avril 1913 :

« Cette réhabilitation du paganisme, écrivait-il, ne se produit pas seulement dans les mœurs et dans les institutions ; des écrivains se sont rencontrés pour la préconiser ouvertement, et ils ont poussé l'audace et le mépris de la vérité historique jusqu'à représenter l'avènement de Jésus-Christ et de sa doctrine comme une décadence dans la vie sociale de l'humanité (allusion aux passages blasphématoires d'*Anthinéa,* l'ouvrage de M. Maurras, réédition de 1912, pp. 62 et 63), et l'impudence jusqu'à rappeler, de leurs désirs et de leurs espérances, le retour d'une société morte de sa corruption, et dont il ne fût rien resté si l'Eglise n'en avait recueilli les débris pour les régénérer. »

Mais ce qui émeut plus encore Mgr Chapon, c'est que cette « mentalité païenne » cherche à s'infiltrer dans les milieux catholiques :

« Si cette tentative était l'œuvre exclusive de nos ennemis déclarés et se faisait à visage découvert, peut-être serait-elle moins à redouter ; mais, à l'heure où j'écris ces lignes, elle se poursuit par la plume d'écrivains aveugles ou perfides, qui s'efforcent d'ériger, sur les plus purs principes de l'athéisme et du positivisme à peine dissimulés, toute une morale sociale et politique ; et, ce qu'on n'aurait jamais imaginé, c'est, sous prétexte et avec la prétention de servir l'Eglise, qu'ils s'efforcent de discréditer Jésus-Christ, sa morale et sa doctrine. Cette tactique, mise en œuvre par d'habiles sophistes, couvre encore, aux yeux de bien des catholiques, leur véritable pensée et leurs véritables desseins, qu'ils avouent d'ailleurs entre initiés, et déjà bien des esprits sont abusés et bien des âmes séduites ; aussi croyons-nous accomplir un grave devoir de notre ministère pastoral, en prémunissant, contre une si funeste influence, ceux d'entre vous qui pourraient y être exposés. »

Dira-t-on que NN. SS. Mignot et Chapon étaient prévenus contre l'*Action française* ? On a vu avec quel soin l'archevêque d'Albi distinguait entre le but politique de l'*Action française*, c'est-à-dire la restauration de la monarchie, reconnu par lui parfaitement légitime, et son paganisme doctrinal, absolument condamnable. On a vu aussi avec quel soin égal l'évêque de Nice visait uniquement ce même paganisme doctrinal, en évitant de faire la plus légère allusion aux opinions politiques des doctrinaires.

Mgr Catteau, évêque de Luçon (1913)

N'était-ce pas également le cas de Mgr Catteau, évêque de Luçon, qui dans une conférence faite le 10 septembre 1913, au grand Séminaire de Chavagnes (Vendée), déclarait :

« Je vois avec une peine profonde et une grande affliction, des prêtres de mon diocèse lire un journal dont les rédacteurs sont des athées, et certains des hommes d'une vie scandaleuse. Le principal d'entre eux réédite les pires blasphèmes de Voltaire. Il attaque la divinité de Notre-Seigneur Jésus-Christ, tourne la Bible en dérision et regrette que le Christianisme ait porté atteinte au culte de la beauté païenne.

« La lecture d'un journal comme l'*Action française* ne peut que faire du mal à un prêtre. Les partisans de l'*Action française* introduisent dans les réunions du clergé des polémiques et des discussions qui font beaucoup de mal. Ces discussions entre prêtres ont lieu dans les chemins de fer et, tout récemment, des laïques, qui en étaient témoins, étaient scandalisés du ton qu'on y mettait et de la violence des partisans de l'*Action française.*

« Ces divisions sont une de mes plus grandes peines, et, si je n'en voyais pas la fin avant de mourir, ce serait pour moi un grand sujet de tristesse. »

Comme NN. SS. Mignot et Chapon, Mgr Catteau tenait à bien marquer que la question politique était absolument en dehors du débat :

« Ayez les opinions que vous voudrez. Soyez royalistes, soyez républicains, je n'ai rien à y voir. Mais ne vous inféodez pas à l'*Action française.* »

Mgr Robert du Botneau (1914)

Dans cette Vendée, si indéfectiblement attachée à ses traditions et à sa foi, la voix de Mgr Catteau n'était pas la première d'ailleurs qui se fût élevée pour crier au péril. Quelques mois auparavant, le 1er mai 1914, Mgr Robert du Botneau, parlant à la réunion mensuelle des dames de l'Union catholique de la paroisse Notre-Dame, aux Sables-d'Olonne, montrait que l'*Action française* est essentiellement, non pas un parti politique, mais bien une école philosophique, et quelle école !

« Qu'est-ce que l'*Action française* ?

« Est-ce un parti politique ?

« Non; et c'est pourquoi j'en parle ici très à l'aise dans un de ces entretiens d'où nous excluons formellement la politique.

« Que l'*Action française* s'arroge la prétention d'accaparer et de diriger le parti royaliste, c'est une autre affaire. Toutefois, je le dis en passant, je fais à ce parti l'honneur de ne pas le confondre avec l'*Action française*. S'il s'est laissé entamer par elle, comme la fleur est contaminée par l'insecte malfaisant, c'est à lui d'aviser.

« Qu'est-ce donc que l'*Action française* ? C'est une école, une doctrine, ou plutôt une formidable hérésie, religieuse et sociale. De même que le formulaire doctrinal de l'Islamisme est extrait du Coran de Mahomet, ainsi, des œuvres du nouveau prophète Maurras, ressort un corps de doctrine complet dont le venin est distillé par le cénacle hybride de l'*Action française*, mais à doses calculées suivant le degré d'initiation dont est susceptible le public auquel on s'adresse.

« En son fond et dans ses principes fondamentaux la doctrine de Maurras est horrible. Un univers sans Dieu, au sein duquel grouillent des êtres maudissant une existence qui ne leur apporte que des appétits inassouvis, un monde régi par la force et d'où est exclue toute charité, toute espérance : un monde où la masse humaine n'existe que pour servir de marchepied et de pâture à une élite d'intellectuels et de jouisseurs : telle peut se résumer cette doctrine qui vient manifestement de l'enfer. C'est la résurrection du paganisme avec ses déductions et ses tares. Il est logique qu'en des conditions pareilles le Christ y soit blasphémé plus qu'il ne le fut par Voltaire lui-même, que sa croix divine soit maudite, et que son œuvre soit dénoncée comme un recul de la civilisation. Ce qui ressort particulièrement de ce fond est un mépris complet de l'humanité, un appel aux instincts de domination politique et de jouissances au profit des favoris de la vie. Politique d'abord, par tous les moyens : ces formules condensent dans la pratique l'esprit de l'école. C'est le mot d'ordre de l'*Action française.* »

Ah ! s'il ne s'était agi que de politique, que de restauration monarchique !...

Mais, ajoutait Mgr du Botneau, dans la monarchie exaltée par l'*Action française,* « rien qui rappelle cet idéal du roi très-chrétien, tel que l'ont entrevu nos pères et qu'on le trouve partout à la base de nos traditions nationales ». Certes, M. Maurras, disait-il encore, « couvre de fleurs » l'Eglise catholique. Mais, cette Eglise-là est-elle l'épouse de Jésus-Christ ? Non, hélas ! Aussi, le curé-archiprêtre des Sables-d'Olonne conviait-il ses paroissiennes à « porter plus haut leurs hommages et à venger la vraie Eglise de ces blasphèmes ».

A l'appui de sa démonstration, si douloureusement convaincante, Mgr du Botneau citait « l'avis de l'abbé Gaudeau lui-même » (*Foi catholique*, novembre 1912) dont on sait le souci de l'intégrité catholique.

« Il est impossible, dit-il, radicalement impossible, de faire de la politique catholique avec une philosophie areligieuse ; et une alliance qu'on voudrait purement politique (et qui ne peut guère l'être) avec des philosophes agnostiques en religion (peu nombreux mais qui sont dans le groupement les vrais directeurs intellectuels) est, pour les catholiques qui composent ce groupement, dans l'ordre des idées une contradiction, et dans l'ordre des faits un danger. ».

Mgr Guillibert, évêque de Fréjus (1913)

C'est de la même époque que date le mémoire de Mgr Guillibert, évêque de Fréjus (17 décembre 1913), document capital, décisif, dont l'auteur était animé, vis-à-vis de la personne du chef de l'école, d'une bienveillance tout affectueuse, — ce qui donne d'autant plus de poids au jugement qu'en conscience il devait porter sur les doctrines de l'école.

Mgr Guillibert rappelle, en effet, que « le plus brillant des initiateurs de ce mouvement d'idées est M. Charles Maurras, que je connais, dit-il, et affectionne toujours, malgré que je déteste et déplore l'incrédulité dans laquelle il s'est jeté, car il a été, depuis l'âge de sept ans jusqu'après son cours de philosophie — que je lui ai enseigné moi-même — mon élève de prédilection ».

L'*Action française* aurait-elle poursuivi des fins purement politiques que l'évêque de Fréjus se fût félicité de ce mouvement. « Au début, écrit-il, ce fut un sentiment honnête et noble de dégoût, au spectacle des attentats perpétrés de plus en plus par le régime détestable de tyrannie démocratique qui épuise la France et s'acharne contre ses traditions. »

Mais il fallut se rendre à l'évidence, le groupe n'était pas purement politique :

« *Politiques* d'abord, ainsi qu'on les a crus longtemps à Rome, et sous ce couvert on ne se croyait pas armé pour en examiner les doctrines, ces messieurs forcément sont arrivés par leurs études mêmes, menées avec sérieux et méthode, à professer un corps de doctrine ; et, comme la religion est au fond de tout, et comme le catholicisme a pétri les institutions fondamentales de la France, cette doctrine est devenue sensiblement religieuse, à faux par bien des côtés et même en son fonds. »

C'est que M. Maurras, qui reçut une éducation religieuse, subit, en arrivant à Paris, de « funestes influences » par la faute desquelles, non seulement il rompit avec le catholicisme, mais voua un véritable culte au paganisme.

« Charles Maurras s'adonna au journalisme, se créa des relations diverses et malheureusement subit de funestes influences, notamment auprès d'un Lucien Moreau, athée déclaré, auquel il a pourtant dédié son récent ouvrage sur la *Politique religieuse* (Paris, 1912). Les mêmes fantaisies d'irréligion lui ont fait dédier son enquête sur la Monarchie *Domini optumo, seu pessumo,* etc., détail bizarre qui suffit, remarquons-le tout de suite, à peindre le goût paradoxal et la subtile propension de Maurras aux audaces intellectuelles, où il accouple en se jouant les plus criantes antinomies. Nous reviendrons sur cette dangereuse facilité, qui, grâce à un merveilleux talent, donne aux sophismes et aux contradictions des apparences de vrai, où les esprits légers se prennent comme les papillons aux fausses lumières. »

Quels sont donc les griefs religieux invoqués par Mgr Guillibert contre l'*Action française*. Ceux-là mêmes qu'ont déjà formulés — tant ils s'imposent à la réprobation de toute conscience religieuse éclairée et attentive — Mgr Péchenard, Mgr Mignot, Mgr Chapon et d'autres prélats encore dont nous parlerons :

« Qu'enseignait-on dans ce groupe qui s'est organisé ensuite en institut d'enseignement libre ? On répudiait *a priori* toute autorité philosophique ou religieuse ; on partait de l'observation positive qu'on appliquait à la matière sociale, comme les physiciens l'appliquent à l'objet des sciences naturelles. Avec Auguste Comte et autres auteurs du XIXe siècle dont plusieurs furent des impies obstinés, mais doués de rares capacités intellectuelles, ils sont arrivés à constater l'erreur et les funestes effets du principe révolutionnaire dit de la Souveraineté du Peuple (principes de 89 suivant J.-J. Rousseau) et à reconnaître comme base naturelle des sociétés l'action des plus forts, suivant les théories darwinistes... et bientôt, d'observations en observations, le *principe d'autorité.*

« Durant cette période, et dans leurs essais d'induction, il y a eu des assertions bien opposées à la morale : le mépris des petits et des faibles, la volupté, l'apothéose du paganisme grec, etc., etc... C'est de cette période que datent les premières éditions de deux ouvrages mauvais de Charles Maurras, *Chemin de Paradis* et *Anthinéa* dont, malgré quelques adoucissements de forme trop crûment impie, il n'a pas encore fait le sacrifice, puisqu'ils figurent sur le prospectus même annexé au livre d'hier, offert au Saint-Père : *L'Action française et la Religion Catholique.*

« Quant aux collaborateurs incrédules de M. Maurras, leurs écrits ne valaient pas mieux et étaient souvent pires. Ces Messieurs prétendaient ne faire que de la politique, et longtemps, trop longtemps, ils ont bénéficié de ce subterfuge, auprès de la puissance ecclésiastique et à moi-même qui, un jour (lorsque les erreurs doctrinales et les tendances démocratiques excessives d'une autre école française étaient justement menacées à Rome) représentais à un éminent Cardinal qu'on laissait trop libre carrière à d'autres erreurs à l'opposé, il me fut simplement répondu : « Mais l'*Action française*, elle, nous échappe, parce qu'elle ne fait que de la politique. »

« Or, par la force des choses — et c'est en soi tout à l'honneur de la Religion qui pénètre et doit pénétrer partout — l'*Action française* s'était engagée dans des choses religieuses, soit pour écarter le christianisme lorsqu'il paraissait nuire à la doctrine évolutionniste admise, soit pour en utiliser le principe de force et d'ordre, le jour, où, comme je l'ai dit, ces Messieurs arrivèrent à poser comme fondement social : l'autorité.

« Mais avec quel souci antichrétien ils prétendent garder leur indépendance d'esprit ; et qui ne voit en cela la contradiction flagrante avec le principe d'autorité qu'ils vont désormais exploiter, affirmant toujours, avec le libre examen, leur individualité, juge suprême ? Toujours le paradoxe, toujours les antinomies !

« L'Eglise catholique romaine qui a su corriger les extravagances sémites y compris le sermon sur la montagne et tout l'Evangile, en apportant aux enseignements juifs du Christ lui-même l'harmonie et l'ordre du caractère romain !... Cette Eglise devient donc, dans leur système politique, une collaboratrice de bonne aubaine. Ils *s'en serviront* et le tour est tout indiqué d'ajouter : *Ils la serviront* pour le bien social. Que l'Eglise soit divine ou humaine, cela ne les regarde pas.

« Voilà la réelle donnée des doctrines de l'*Action française*. Cette conjonction inattendue d'abord, puis si heureuse pour l'effet public, des conclusions de la méthode positiviste employée avec les principes de la théologie sociale : l'autorité modérant la liberté a été la plus riche trouvaille.

« Et comme l'*Action française* était soutenue surtout par des royalistes, et que dans tous les pays les royalistes sont généralement recrutés parmi les anciennes familles qui ont gardé aussi les sentiments religieux, cette rencontre de fait entre les positivistes athées ou incroyants et les fervents des partis les plus exaltés dans la réaction politique, a subitement donné à cette *Action française* un prestige merveilleux aux yeux de ceux qui ne vont pas au fond des choses.

« Et comme ceux qui s'affirment et crient le plus fort dominent les timides et font taire ceux qui parlent moins haut, il est arrivé que les chefs du parti se sont hardiment présentés comme les soutiens indiscutables de la tradition française de l'union prétendue nécessaire du trône et de l'autel... Et l'on sait ce qu'a produit cette union, en dehors du dogme chrétien !

« En même temps que les laïques se laissaient impressionner par ces belles conclusions dont ils n'examinaient pas les prémisses étrangères, plusieurs membres du clergé et notamment quelques religieux et quelques anciens religieux sécularisés, appliqués sincèrement à la défense de l'antique doctrine scolastique sur les rapports de l'Eglise et de l'Etat, et — il faut l'ajouter — inclinant, quelques-uns du moins, vers les opinions trop absolues des théologiens régalistes des XVIe et XVIIe siècles, se sont réjouis, avec un empressement doublé de candeur, de ce qui leur parut un grand succès pour le catholicisme, à savoir cette proclamation du principe d'autorité sauveur des Sociétés, et l'hommage donné, par des hommes sans foi, à l'Eglise.

« Ils n'ont pas craint de s'enrôler à la suite de M. Maurras et de ses amis, dans leur campagne politique, couvrant ainsi de leur caractère sacré et parfois d'un véritable talent, ce qu'il y avait d'inconséquent et de très dangereux pour la jeunesse qui, séduite par une mise en scène de royalisme et de catholicisme bruyamment étalée, était exposée à des compromissions de doctrine très dangereuses pour la foi. »

Ces paroles, pénétrées de tristesse et d'angoisse, de l'évêque de Fréjus, ne s'éclairent-elles pas douloureusement à la lumière de certaines paroles ecclésiastiques dont nous citions tout à l'heure quelques exemples particulièrement typiques ?...

Ayant annoncé le mal, Mgr Guillibert indique tout aussitôt les ravages :

« Les exemples de défection morale ont été nombreux. Ce catholicisme d'étiquette et de cocarde suffisait à les faire considérer comme soutiens de la cause, et puisque les chefs étaient sans aucune foi chrétienne, pourquoi eux se gêneraient-ils à leur tour, voyant surtout des religieux, des prêtres, un ou deux prélats même exalter Maurras et ses amis !

« Voilà en quoi, avec les meilleures intentions, on arrive à compromettre gravement l'Eglise.

« A la faveur de ces appuis inespérés, on ne gardera plus de mesure. Les autres journaux, même catholiques, s'ils essayaient de parler, se voyaient traités d'organes du libéralisme. Ils se sentaient si bien immunisés contre les sévérités des juges de l'orthodoxie qu'ils se donnaient hautement comme les seuls adeptes de la pensée romaine !

« Vainement le Souverain Pontife déclarait la religion au-dessus des partis. Ils répétaient sa formule, mais tout de suite, comme mineure du syllogisme, soutenaient que la royauté était le seul moyen de sauver en France la religion. »

— Mais pourquoi, dira-t-on, tant de prélats qui connaissaient le mal et qui le déploraient, n'élevaient-ils pas la voix ?

Mgr Guillibert prévoit l'objection, et il y répond :

« Les évêques n'osaient rien publier, ne se sentant pas soutenus, car, avec la légèreté de l'opinion, on réfléchit à deux fois avant de parler, lorsque le lendemain on sera décrié comme suspect. »

N'avait-on pas vu déjà l'*Action française* se révolter contre le duc d'Orléans ? Mais Rome, à son tour, s'est émue, et, ajoute l'évêque de Fréjus, si M. Maurras « a fait capituler son roi, il ne fera pas capituler notre Pape ».

« Cependant la lumière s'est faite à Rome. Déjà le parti avait vu bien des yeux se dessiller lorsque les fauteurs de l'autorité quand même affichèrent, avec une violente impertinence, leur désobéissance à leur roi et le mirent dans le cas de capituler devant eux.

« Maintenant qu'ils sentent leur position menacée, au point de vue des doctrines fausses qu'ils mêlent à quelques points vrais, et qu'ils ont eu vent des préoccupations du Saint-Siège à leur endroit, ils ont tenté ce récent coup d'audace, très habile, comme ils savent les faire.

« Dans une réunion nombreuse à Paris, tout le monde debout, un des leurs a donné lecture du dernier chapitre du dernier livre de Maurras, écrit tout exprès comme apologie des doctrines de l'*Action française*.

« Ce chapitre est un recours au Saint-Père Pie X. Celui qui l'écrit persiste à se dire incroyant, sans laisser entendre qu'il ne veut plus l'être, et, dénué de repentir, persistant dans ses erreurs, il ose compter sur les bénédictions et l'indulgence du Père de la famille catholique !

« La haute sagesse de Pie X a vu déjà le piège tendu et le défi téméraire.

« Je ne vais pas jusqu'à taxer mon ancien élève d'hypocrisie. Non, je le crois honnête. Mais il est tellement rompu aux joutes de la plume, si étincelant dans les feux d'artifices de la pensée, si audacieux dans les entreprises de presse, qu'il s'est fait une habitude du paradoxe et que sans être pratiquement, suivant moi, orgueilleux conscient, il n'hésite devant rien, brave tout et se croit armé pour tout dominer, adulé qu'il est, presque comme un demi dieu, dans le cercle de ses partisans.

« Eh bien ! s'il a fait capituler son roi, il ne fera pas capituler notre Pape ! »

Mgr Guillibert conclut alors, — et dans cette conclusion du prélat qui a peut-être le mieux connu M. Maurras, on sent percer la crainte de la rébellion dont, treize années plus tard, le monde catholique allait être le témoin attristé et scandalisé :

« Ce jeu d'enfants terribles, devenu peu à peu un parti et qui vise à la domination violente, couvre trop d'équivoques, de mélanges coupables, d'ambitions déguisées et a trop peu de racines dans le pays où l'on ne vit pas seulement d'abstractions et de rêves, pour entamer les hauts sommets sur lesquels reposent, sous la garde inviolable du vicaire de Jésus-Christ, les vérités, les droits et gages du royaume de Dieu.

« Tous les efforts du monde, qui sait à l'occasion se revêtir d'apparences séduisantes, mais qui est quand même *totus in maligno positus*, n'y feront rien.

« Le pardon est généreusement donné à quiconque s'humilie et se repent. Mais il n'a rien à attendre, celui qui se tient droit devant la miséricorde et ne veut rien rétracter... qui veut, au contraire, qu'on le bénisse rebelle !

« J'ai développé d'un seul trait, sans préméditation, au courant de ma plume, Monseigneur, les pensées que, depuis bien longtemps, je médite devant Dieu. Souffrant des écarts de mon ancien et toujours cher élève, humilié des encouragements que des prêtres imprudents croient devoir lui donner et dont on abuse à l'envi, je suis bien assuré que Notre-Seigneur veille sur Son Eglise et que l'*arbor mula* sera jugé seulement à ses fruits le jour où la Sagesse pontificale aura à le juger ».

Le jugement de Rome (1914 et 1915)

Ce jour devait venir très peu de temps après, au mois de janvier 1914, puis au mois d'avril 1915.

Comme tous le souhaitaient ardemment, dans l'intérêt des âmes menacées par ce retour offensif de paganisme, Rome se saisissait de la cause et prononçait les jugements suivants :

I. Dans la Congrégation préparatoire tenue le jeudi 15 janvier 1914 : « Tous les Consulteurs furent unanimement d'avis que les quatre œuvres de Charles Maurras : *Le Chemin de Paradis, Anthinéa, Les Amants de Venise* et *Trois idées politiques,* étaient vraiment mauvaises et donc méritaient d'être prohibées ; à ces œuvres, ils déclarèrent qu'il fallait ajouter l'œuvre intitulée l'*Avenir de l'Intelligence.*

« Plusieurs Consulteurs voulurent qu'on ajoutât

aussi les livres intitulés : *la Politique religieuse* et *Si le coup de force est possible.* »

II. Dans la Congrégation générale tenue le lundi 26 janvier 1914 :

« L'Eminentissime cardinal préfet a déclaré qu'il avait traité de cette affaire avec le Souverain Pontife et que le Saint-Père, en raison du nombre de pétitions à lui adressées de vive voix et par écrit, même par des personnages considérables, avait vraiment hésité un moment, mais enfin avait décidé que la Sacrée Congrégation traitât de cette affaire en pleine liberté, se réservant le droit de publier lui-même le Décret.

« Les Eminentissimes Pères, entrant donc au cœur de la question, déclarèrent que, sans aucun doute possible, les livres désignés par les consulteurs étaient vraiment très mauvais et méritaient censure, d'autant plus qu'il est bien difficile d'écarter les jeunes gens de ces livres, dont l'auteur leur est recommandé comme un maître dans les questions politiques et littéraires et comme le chef de ceux dont on doit attendre le salut de la patrie. Les Eminentissimes Pères décidèrent unanimement de proscrire, au nom de la Sacrée Congrégation, les livres énumérés, mais de laisser la publication du décret à la sagesse du Souverain Pontife. Pour ce qui concerne le périodique l'*Action française*, revue bimensuelle, les Eminentissimes Pères estimèrent qu'il fallait en décider comme des œuvres de Charles Maurras. »

III. Le 29 janvier 1914 : « Le secrétaire, reçu en audience par le Saint-Père, a rendu compte de tout ce qui s'est fait dans la dernière Congrégation. Le Souverain Pontife se met aussitôt à parler de l'*Action française* et des œuvres de M. Maurras disant que, de nombreux côtés, il a reçu des requêtes lui demandant de ne pas laisser interdire ces œuvres par la Sacrée Congrégation, affirmant que ces œuvres sont cependant prohibées et doivent être considérées comme telles dès maintenant ; selon la teneur de la proscription faite par la Sacrée Congrégation, le Souverain Pontife se réservant toutefois le droit d'indiquer le moment où le décret devra être publié, s'il se présente une nouvelle occasion de le faire, le décret qui prohibe ce périodique et ces livres sera promulgué à la date d'aujourd'hui. »

IV. Le 14 avril 1915 : « Le Souverain Pontife (Benoît XV d'heureuse mémoire), a interrogé le secrétaire au sujet des livres de Charles Maurras et du périodique l'*Action française*. Le secrétaire a rapporté en détail à Sa Sainteté tout ce que la Sacrée Congrégation avait fait à ce sujet et comment son prédécesseur, Pie X, de sainte mémoire, avait ratifié et approuvé la proscription prononcée par les Eminentissimes Pères, mais avait différé à un autre moment plus propice la publication du décret. Cela entendu, Sa Sainteté déclara que le moment n'était pas encore venu : car, la guerre durant encore, les passions politiques empêcheraient de porter un jugement équitable sur cet acte du Saint-Siège. »

Pourquoi ces documents ne furent-ils pas publiés, les trois premiers dès 1914, le quatrième dès 1915 ? La réponse est incluse dans les documents mêmes. Des « interventions » et de hautes pressions » se produisirent qui, sans empêcher la Sacrée Congrégation de prendre le décret qui s'imposait, avaient décidé Pie X à « se réserver le droit de publier lui-même le décret ». Pour le quatrième document, il suffit de rappeler qu'il est daté de 1915 pour comprendre que Benoît XV, à cause de la guerre, ait voulu, lui aussi, différé la publication du décret « ratifié et approuvé par Pie X ».

De quelles interventions s'agissait-il là ?... Un document qui sera sans doute rendu public ultérieurement nous apprend que Pie X « avait retardé la promulgation parce que plusieurs personnes, parmi lesquelles le cardinal C... lui avaient fait espérer la conversion prochaine de Maurras ».

Pourquoi le décret de condamnation ne fut pas publié en 1914

Le cardinal C... n'est autre que le pieux cardinal de Cabrières qui avait cru pouvoir obtenir une rétractation du chef de l'*Action française*, mais qui échoua malheureusement dans ses démarches. L'affaire traîna ainsi jusqu'à la guerre et à la mort de Pie X.

C'est bien, d'ailleurs, parce que le cardinal de Cabrières, en dépit de ses instances, n'obtint pas de M. Maurras cette rétractation que Pie X se refusa obstinément, et malgré les demandes réitérées qui lui furent adressées, à donner audience, sous quelque forme que ce fût, à l'auteur blasphématoire d'*Anthinéa*. « Je ne recevrai pas cet homme, après ce qu'il a dit de Notre-Seigneur », déclara le Souverain Pontife à Mgr Andreucci.

Pie X voulait bien consentir, dans l'espoir d'une rétractation qu'on lui avait laissé espérer, et qui ne vint jamais, à retarder la promulgation du décret de condamnation « ratifié et approuvé » par lui, mais il ne voulait ni ne pouvait aller plus loin, c'est-à-dire jusqu'à recevoir le blasphémateur.

Que penser, dès lors, de la phrase — dont on ne

retrouve nulle trace dans les Actes du Saint-Siège — que Pie X aurait dite au cardinal de Cabrières ou à M. Camille Bellaigue : « Maurras est un beau défenseur de la foi » ?

Pour en apprécier la portée, il faudrait, d'abord, en connaître le contexte, qu'on se garde bien de nous communiquer. Ou bien ce contexte, en effet, réduirait singulièrement la portée de la phrase fameuse, puisqu'il serait invraisemblable qu'au moment même où elle fut prononcée, dit-on, par Pie X, le même Pontife daignât « ratifier et approuver » la condamnation des ouvrages du même Maurras comme attentatoires à la foi ; ou bien, — ce qui nous paraît plus probable, — la dite phrase, si elle a été prononcée, aurait un sens bien différent de celui qu'on lui attribue ; en italien, « la formule alléguée », nous disait un italianisant absolument étranger aux controverses actuelles, ne répond-elle pas plutôt « à notre locution française : un drôle de défenseur, un joli défenseur de la foi » ?... La phrase aurait, dans ce cas, un tour de mélancolique ironie qui ne s'explique, hélas ! que trop facilement. « Car, ajoutait notre italianisant, on eût compris à la rigueur que Pie X vît en Maurras un défenseur de l'Eglise (un défenseur de l'extérieur, puisque Maurras n'a pas la foi), mais comment lui donner sans ironie le mérite de défendre cette foi qu'il n'a pas, qu'il méprise au fond », — qu'il bafoue dans ses ouvrages, pouvons-nous même ajouter, ce qui vaut à ceux-ci, dans le même temps, une condamnation formelle « ratifiée et approuvée » par Pie X lui-même ?

Mais, pour la raison que nous avons dite, la publication du décret fut différée. Ignorant donc que Rome eût déjà prononcé son jugement, des évêques, des prêtres éminents ne cessaient de s'émouvoir.

Mgr Le Roy,
Supérieur de la Congrégation du Saint-Esprit (1914)

« Avant d'avoir reçu votre courageuse et lumineuse brochure, écrivait, le 22 mars 1914, Mgr Le Roy, évêque d'Alinda, ancien supérieur de la Congrégation du Saint-Esprit, à M. l'abbé Pierre, j'avais parcouru *Anthinéa* qu'une bonne âme, désireuse de procurer d'utiles lectures à nos missionnaires (*on voit là, une fois de plus, combien de « bonnes âmes » étaient abusées, dupées. — Note de l'auteur*), m'avait envoyé, et j'avais été frappé de la conception païenne que se fait l'auteur de la société, de la littérature, de l'art, de la vie. Dans cette conception, le rôle fait éventuellement à l'Eglise catholique est le plus injurieux qui puisse être rêvé. »

M. l'abbé Lesêtre,
curé de Saint-Etienne du Mont, à Paris (1914)

Aussi, presque à la même date, le 21 mars 1914, M. l'abbé Lesêtre, ancien curé de Saint-Etienne du Mont, un véritable maître ès sciences religieuses, pouvait-il écrire au même correspondant, pour le féliciter de « faire pénétrer un puissant rayon de jour dans ces ténèbres » :

« Elles ne sont pas rassurantes de la part de gens si audacieux qui promettent de restaurer le trône et l'autel. Quel trône pour nous, Français, et surtout quel autel !... Nous en verrions de belles, nous autres catholiques, si ces gens-là venaient au pouvoir ! »

Mgr Many, prélat romain (1914)

Hélas ! beaucoup de catholiques, dès cette époque, se laissaient infester par le virus subtil. « Ce qui m'étonne toujours, écrivait de Rome, le 18 mars 1914, à M. l'abbé Pierre, Mgr Many, savant Sulpicien, que la confiance de Pie X appela à collaborer à la rédaction du nouveau Droit canon, c'est de voir qu'un certain nombre de bons catholiques regardent M. Maurras comme leur maître, et que même certains prêtres professent pour lui une confiance peu ordinaire ». Pour un amiral de Cuverville, en effet, qui a laissé le souvenir d'un admirable chrétien et d'un valeureux marin qui se félicitait de la « réfutation des doctrines nietzschéennes de l'*Action française* », combien de catholiques se figuraient sincèrement que, par les voies obliques de ce paganisme renaissant, leur viendrait le salut !

Mgr de Ligonnès, évêque de Rodez (1924)

Salut pour la monarchie, salut pour le catholicisme ! Mais « quel trône », s'écriait M. l'abbé Lesêtre ; mais « quel autel » ! Un « trône » dont la structure effrayait le duc d'Orléans (1) ; un « autel » dont le dieu, qui n'était certes pas Jésus-Christ, épouvantait Pie X et Benoît XV. Aussi bien de grands catholiques conservateurs comme l'amiral de Cuverville, — on l'a vu, — ou d'éminents prélats royalistes comme Mgr de Ligonnès, évêque de Rodez, — on va le voir, — ne souhaitaient-ils rien moins qu'une pareille restauration politique et religieuse. Quelques mois avant sa mort — qui survint en 1924, Mgr de Ligonnès écrivait au P. Calot, directeur de l'*Apostolat de la Prière* :

« Ce n'est pas la passion politique qui me fait parler, parce que, depuis toujours, Ligonnès est pour

(1) Voir le chapitre : « Leurs prétentions ».

son roi. L'Eglise de France s'est relevée assez facilement du danger que lui a fait courir le sillonnisme; elle s'est relevée, quoique plus difficilement, du mal que lui a fait le modernisme ; *elle ne se relèvera que très difficilement du mal que lui fait actuellement l'*Action française. »

Un cri d'alarme en Belgique (1926)

L'épiscopat français ne suivait donc pas sans inquiétude depuis 1910 les progrès de la propagande de l'*Action française* dans les différents milieux catholiques.

Rome elle-même s'était prononcée — les intéressés ont prétendu avoir connu les circonstances du procès — mais, pour les raisons que nous avons exposées plus haut, la promulgation du décret de l'Index, approuvé par Pie X, avait été différée.

Pourquoi, après plus de dix années, Rome a-t-elle jugé nécessaire de donner de nouveaux avertissements, puis de promulguer la condamnation déjà portée ?...

Un certain jour, Rome a eu la preuve, évidente, que l'allié du dehors, le maître matérialiste, antichrétien, par la force des choses, s'était changé en *chef* spirituel de la jeunesse catholique de France et d'ailleurs.

Cette preuve est venue à Rome d'une terre unie avec la France par des liens tels qu'on a pu l'appeler une seconde France : la terre belge.

On sait quel bloc solide forment les catholiques belges depuis un siècle. Du jour où la liberté a brillé sur son pays, la jeunesse belge a été un des réservoirs les plus riches d'énergie chrétienne du monde. Or, il y a deux ans, une revue publiée à

Louvain, près de ce foyer de haute culture catholique qu'est l'Université, *Les cahiers de la jeunesse catholique*, organe de l'Association de la Jeunesse catholique belge, appelait ses jeunes lecteurs à répondre, par voie de referendum, à cette question : « Parmi les écrivains des dernières vingt-cinq années, quels sont ceux que vous considérez comme vos maîtres ? » (1).

Le référendum eut lieu. Les « Cahiers » du mois de mai en firent connaître les résultats : ils donnaient le chiffre le plus fort de voix à... M. Charles Maurras. Dans la liste de ce scrutin singulier, d'autres noms aussi paraissaient. Le second était M. Paul Bourget. Le dernier était le cardinal Mercier. Le fondateur de l'école néo-scholastique, l'auteur de dix volumes de pure doctrine, le défenseur de la liberté de la Belgique contre les Allemands, n'avait recueilli que six voix dans cet étonnant plébiscite.

Les Cahiers de la jeunesse catholique se chargèrent eux-mêmes, dans le numéro du 5 juillet, de souligner, avec tout l'éclat nécessaire, la valeur du fait : ce fut, par la plume de l'abbé Jacques Leclercq, l'un des éducateurs les plus influents de la jeunesse de Bruxelles : dans un article de quinze pages, il indiquait, d'une façon péremptoire, qu'il n'y avait, à l'heure actuelle, qu'un seul « phare » capable d'éclairer la jeunesse catholique, appelée à gouverner son pays et que ce « phare » était M. Maurras, un « géant, disait-il, de la pensée ».

Cette définition était reprise, immédiatement après, à Bruxelles, par l'abbé Van den Hout, directeur de la *Revue catholique des idées et des faits*, qui, ayant eu le loisir de réfléchir un peu plus que son

(1) *Cahiers* du 5 mai 1925.

confrère, proclama qu'en réalité il n'y avait, pour les catholiques, que deux « phares » : un phare à Rome, le Pape, l'autre à Paris, M. Maurras.

Cette apothéose, extraordinaire, du chef antichrétien de l'*Action française*, exalté, non pas pour ses qualités de tacticien politique, menant ses troupes à l'assaut d'une république dont le sort, aux Belges, importe très peu, mais pour ses principes, pour sa doctrine, provoqua, dans les milieux cultivés du catholicisme belge, une réaction.

Le témoignage de cette réaction se trouve dans un volume de deux cents pages, publié par la Société des Etudes religieuses, dont le centre est à Liége, la capitale de la Wallonie. A ce volume ont collaboré les personnalités les plus représentatives du catholicisme belge : le premier ministre d'alors, M. Poullet, les professeurs des Universités et des écoles supérieures, les professeurs d'enseignement moyen, les directeurs d'œuvres. Presque tous dénonçaient comme un danger pour l'avenir du catholicisme dans leur pays l'influence, sur la jeunesse belge, du doctrinaire antichrétien, que le referendum de Louvain avait relevée ; et ils demandaient, pour parer à ce danger, l'intervention de l'autorité religieuse (1).

---

(1) Avant même que parut le livre : « Charles Maurras, maître de la jeunesse catholique », S. E. le cardinal Mercier, — le vaillant prélat qui, demeuré ferme en face de l'invasion allemande, ne devait pas l'être moins devant l'invasion païenne, — prévoyait le péril, comme le rappelait récemment Mgr Schyrgens dans un article de la *Revue Générale* de Bruxelles (15 mars) auquel M. Maurras se contentait d'opposer, une fois de plus, les prétendues affirmations de témoins anonymes :

« Le désaccord entre le maurrassisme et l'Eglise est donc profond, immense. Qu'il me soit permis d'écrire

S.S. Pie XI se saisit de la question (1926)

C'est à la suite de cette publication que le cas Maurras s'est posé, définitivement, devant Rome. Pie XI, depuis plusieurs mois déjà, s'était personnellement saisi de cette question. Il se chargea donc lui-même du soin de voir de près ce qu'était ce « phare » de lumière, qu'on avait placé à côté du « phare » romain pour guider la caravane mystique de la jeunesse catholique. Le danger, dévoilé en Belgique, ne permettait plus de demi-mesures. Il fallut dire sans plus d'équivoque si *l'allié* de la veille, devenu, aujourd'hui, un maître, *le* maître des jeunes catholiques, pouvait être, par le Vicaire du Christ, reconnu comme tel. Cela il fallait le dire avec une énergie proportionnée au degré d'enthousiasme atteint par la foule des admirateurs de Maurras, en Belgique et ailleurs. A ce devoir, le Souverain Pontife ne pouvait plus se soustraire. La publication de l'enquête liégeoise est du mois de janvier 1926. Le geste de Rome est venu en septembre... Pie XI l'a dit lui-même à des prélats français (2) après l'arrêt : « Ce sont les Belges qui m'ont donné l'éveil... » Rien de plus certain. Entre janvier et septembre, le Pape a pris le temps d'exa-

ici qu'à l'audience du cardinal Mercier, M. Maurras s'entendit rappeler par son auguste interlocuteur cette vérité essentielle : « *Je comprends,* lui dit le cardinal, *que vous n'entendez pas servir l'Eglise, mais vous servir d'Elle.* Or, il faut la servir. » Nous constatons aujourd'hui que cette reconnaissance de l'hégémonie spirituelle de l'Eglise dans la société française était bien fragile et qu'elle n'a pas résisté au choc de la contradiction. »

(2) Mgr Baudrillart, Mgr Audollent.

miner lui-même avec plus d'attention les textes : les ouvrages de Maurras, le journal qui portait le reflet quotidien de sa pensée. Et c'est après cet examen nourri de plusieurs mois et même de plusieurs années, qu'il s'est décidé à parler.

Dès le premier moment, il tenait à faire savoir qu'il avait pris personnellement une connaissance minutieuse de tout le dossier de cette affaire. Voici en quels termes, par exemple, Il le déclarait aux Tertiaires franciscains le 28 septembre 1926 :

« D'autres encore ont l'air de répéter aussi dans cette circonstance la vieille fomule : qu'il faut en appeler du Pape mal informé au Pape bien informé. L'expression a vieilli, mais le monde se répète toujours. Il faut dire, au contraire, hautement, en toute assurance, que la première chose que le Pape a faite, avec toute la conscience de sa responsabilité et même avec le risque d'arriver en retard, a été de bien s'informer, de bien s'éclairer et de ne prendre aucune résolution avant d'être sûr que dans son geste il n'y eût rien qui ne fût conforme à la vérité, à l'à-propos et à l'opportunité. »

La lettre du Souverain Pontife au cardinal Andrieu (1926)

La lettre du cardinal Andrieu devait fournir au Souverain Pontife l'occasion de donner à l'*Action française* un avertissement solennel.

On a remarqué que la lettre du cardinal Andrieu, datée du 25 août 1926, avait été rendue publique le 29 août 1926, et, dès le 5 septembre, paraissait, en tête de l'*Osservatore Romano*, la lettre que S. S. Pie XI lui adressait aussitôt.

Le Souverain Pontife, dès ce moment, prenait soin d'écarter toute équivoque. Il félicitait le cardinal

Andrieu d'avoir nettement précisé qu'il s'agissait non point d'une question politique, mais de questions qui regardent la foi et la morale.

« C'est donc fort à propos, écrivait le Souverain Pontife, que Votre Eminence laisse de côté les questions purement politiques, celle, par exemple, de la forme du gouvernement. Là-dessus, l'Eglise laisse à chacun la juste liberté, mais on n'est pas, au contraire, également libre — Votre Eminence le fait bien remarquer — de suivre aveuglément les dirigeants de l'*Action française* dans les choses qui regarderaient la foi ou la morale.

« Votre Eminence énumère et condamne avec raison (dans des publications non seulement d'ancienne date) des manifestations d'un nouveau système religieux, moral et social, par exemple, au sujet de Dieu, de l'Incarnation, de l'Eglise et généralement du dogme et de la morale catholiques, principalement dans leurs rapports nécessaires avec la politique, laquelle est logiquement subordonnée à la morale. En substance, il y a dans ces manifestations des traces d'une renaissance du paganisme à laquelle se rattache le naturalisme que ces auteurs ont puisé (inconsciemment, croyons-nous), comme tant de leurs contemporains, dans l'enseignement public de cette école moderne et laïque, empoisonneuse de la jeunesse, qu'eux-mêmes combattent souvent si ardemment. »

Longanimité et bonté pontificales

Nous rappellerons plus loin comment l'*Action française* accueillit ce grave avertissement, comment peu à peu, s'organisa la résistance aux directives pontificales.

Rome n'avait point voulu porter, dans les formes

juridiques, une véritable condamnation. A toutes les questions qui lui étaient posées, la Secrétairerie d'Etat répondait invariablement dans ce sens : L'existence du parti monarchiste n'était pas en cause; il lui suffisait de tirer les conclusions logiques des actes posés...

Pendant trois mois, avec une patience, une bonté qui n'excluaient point pourtant la fermeté et la persévérance, le Souverain Pontife multiplia les avertissements, les exhortations, les réprimandes, les défenses. Il profita de toutes les circonstances pour exprimer ses inquiétudes, pour calmer certaines appréhensions.

Devant des assemblées solennelles, en des audiences privées, ou dans Ses allocutions publiques aux pèlerins français, par de simples articles de journaux dont Il avait soin de signaler le caractère autorisé et inspiré directement ou par l'intermédiaire naturel des cardinaux, archevêques et évêques de France, parlant isolément ou collectivement, il fit appel au bon sens, à la droiture, au sentiment catholique, à l'esprit de soumission de notre pays.

Jamais aucune autorité n'aura témoigné de plus de patience, de bonté, de longanimité.

De septembre à octobre, Rome ne veut que persuader, que convaincre. Pour obtenir l'obéissance, ne suffit-il point au Pape de donner de solennels avertissements ? Et puisqu'ils ne paraissent point compris, on les renouvelle, on les précise.

Aux objections les plus sophistiques, le Saint-Père lui-même répond avec une netteté singulière. Dix fois, il revient sur les mêmes faits.

Le Pape n'est point intervenu pour des raisons politiques mystérieuses, manœuvré par les basses intrigues d'adversaires haineux. Il remplit un des devoirs de sa charge. Il a voulu connaître lui-même, personnellement et dans leurs moindres détails, tous les faits de la cause.

C'est pour détourner le péril qui menace les âmes de notre jeunesse que le Pape est intervenu. La France ne saurait en souffrir, bien au contraire. Car le Pape aime la France ! Avec quel accent il le dit, le répète, le prouve !

Mais l'*Action française* s'obstine dans sa révolte. Aux paroles paternelles du Souverain Pontife, on oppose la plus arrogante, la plus injurieuse riposte! Et par les procédés habituels, injures grossières, abominables calomnies, lancées sans aucune espèce de preuve, on tente d'intimider le Vatican.

L'allocution consistoriale (1926)

La Pape a donc dû condamner et, pour donner plus de solennité à Sa condamnation, il la promulgue à l'occasion du consistoire du 20 décembre 1926. Mais on sait de quelle prudence, cette nouvelle mesure témoignait encore ; il n'est pas inutile d'en rappeler ici les termes essentiels :

« Nous ajoutons néanmoins, s'il en est encore dont l'esprit réclame de nouveaux éclaircissements, qu'en aucun cas il n'est permis aux catholiques d'adhérer aux entreprises et en quelque sorte à l'école de ceux qui placent les intérêts des partis au-dessus de la religion et veulent mettre la seconde au service des premiers ; il n'est pas permis non plus de s'exposer ou d'exposer les autres, surtout les jeunes gens, à des influences ou des doctrines constituant un péril tant pour l'intégrité de la foi et des mœurs que pour la formation catholique de la jeunesse.

« Dans le même ordre d'idées — car Nous ne voulons omettre aucune des questions ou des demandes qui Nous furent adressées, — il n'est pas permis non plus aux catholiques de soutenir, de favoriser, de lire des journaux dirigés par des hommes dont les écrits, en s'écartant de nos dogmes et de notre doctrine morale, ne peuvent pas échapper à la réprobation et dont il n'est pas rare que les articles, les comptes rendus et les annonces offrent à leurs lecteurs, surtout adolescents ou jeunes gens, mainte occasion de ruine spirituelle. »

Après l'allocution consistoriale, l'affaire rentrait dans une nouvelle phase. Le *non licet* du Souverain Pontife constituait une solennelle condamnation du journal et de tout le mouvement.

La réponse de l'*Action française* fut : *non possumus.*

Le décret de l'Index (1914) promulgé

L'émotion soulevée par cette scandaleuse réponse était à peine calmée que parvenait de Rome l'annonce de la promulgation du décret de l'Index de 1914. Dans une lettre adressée au cardinal Andrieu, S. S. Pie XI expliquait, tout d'abord, pour quelles raisons ce décret n'avait pas été déjà promulgué...

« Nous avions le profond sentiment — dites le pressentiment — qu'une telle opposition ne répondait pas au vrai ; pour ne pas dire autre chose. Pie X était trop antimoderniste pour ne pas condamner cette particulière espèce de modernisme politique, doctrinaire et pratique, auquel Nous avons affaire ; mais les documents positifs Nous manquaient, ils Nous ont manqué jusqu'à la toute dernière heure, et ce n'est qu'après des recherches réitérées, faites suivant les indications que Nous suggéraient les habitudes d'une vie passée en grande partie au milieu des livres et des documents, qu'on les a finalement retrouvés. Tout ceci s'explique facilement si on se rappelle qu'en l'an 1917 (*Motu Proprio* du 25 mars), la S. Cong. de l'Index a été incorporée à celle du Saint-Office et ses archives unies à celles de celui-ci. Il est encore plus facile d'expliquer les délais auxquels Pie X et Benoî XV ont jugé opportun de soumettre la publication du décret que Nous promulguons : l'un et l'autre ont dit et Nous publions les considérations qui les ont inspirés ; et l'on ne peut pas ne pas remarquer que les interventions et les hautes pressions dont parle Pie X ne l'ont pas empêché d'approuver la proscription prononcée par la S. Cong. de l'Index jusqu'à vouloir y lier son nom, en en prescrivant la date de la publication en n'importe quel temps celle-ci aurait eu lieu. Nous Nous demandons plutôt pourquoi la divine Providence a permis tout ce retard dans la recherche et la découverte de documents si importants et si décisifs ; et Nous aimons à y voir non seulement une permission, mais une disposition providentielle dans le double but, d'un côté, de Nous engager à étudier toute la grave question personnellement et pour Notre compte, et, de l'autre côté, de faire... *ut revelentur ex multis cordibus cogitationes.* »

C'est pourquoi Pie XI étendait au journal l'*Action française* la condamnation des ouvrages de M. Maurras portée en 1914.

Voici le paragraphe du décret concernant le journal l'*Action française :*

« De plus, en raison des articles écrits et publiés ces jours derniers surtout par le journal du même nom, l'*Action française* et, nommément, par Charles Maurras et par Léon Daudet, articles que tout homme sensé est obligé de reconnaître écrits contre le

Siège apostolique et le Pontife romain lui-même. Sa Sainteté a confirmé la condamnation portée par son prédécesseur et l'a étendue au susdit quotidien l'*Action française*, tel qu'il est publié aujourd'hui, de telle sorte que ce journal doit être tenu comme prohibé et condamné et doit être inscrit à l'Index des livres prohibés, sans préjudice à l'avenir d'enquêtes et de condamnations pour les ouvrages de l'un et de l'autre écrivain. »

Hélas ! cela n'a point suffi, et, depuis le mois de janvier 1927, nous avons vu s'organiser la résistance, s'intensifier la campagne d'injures et de calomnies.

L'*Action française* a mobilisé tous les sophistes, les esprits faux, qu'en 28 ans de propagande elle avait intoxiqués, pamphlétaires doués de plus d'impudence que de talent, théologiens sans doctrine et sans nom, propagandistes et camelots fanatisés, et voilà constituée l'armée de propagandistes qui va opposer aux enseignements de Rome les sophismes ridicules et ennuyeux d'un athée.

Les évêques, aux impertinentes sollicitations de l'*Action française*, répondent individuellement d'abord, puis par une déclaration collective... Rien n'y fait : l'*Action française* poursuit avec le même acharnement son œuvre néfaste, intensifiant sa propagande, multipliant les plus dangereuses provocations.

La Consultation de la Sacrée Pénitencerie (1927)

Mais Rome, qui lit les tristes pamphlets lancés par ces messieurs, ne répond point à cette abominable propagande. Sa justice est lente, sa mansuétude est infinie.

Au lieu des mesures de rigueur que, seule, l'*Action française* avait jamais osé annoncer, j'allais dire escompter, l'excommunication, elle nous donne cette sage et prudente consultation de la Sacrée Pénitencerie Apostolique.

Après sept mois, Rome demande encore aux Ordinaires d'avertir les coupables, de ne point frapper sans épuiser les moyens de persuasion, monitions publiques ou privées, réprimandes ; les sanctions n'interviendront qu'après, avertis une fois de plus de leur insoumission à des ordres et prescriptions certains et manifestes de la Suprême Autorité ecclésiastique, les coupables auront refusé de se soumettre et n'auront pas eu soin de réparer comme il faut le scandale donné.

Cinq fois la même directive est donnée ; Rome préfère convertir les cœurs que de punir les rebelles. Et si elle doit priver des âmes des secours surnaturels qu'elles sollicitent, elle tentera encore une fois de les éclairer sur les conséquences inéluctables de leur attitude !

L'allocution pontificale au Séminaire français (1927)

L'allocution du Saint-Père au Séminaire français redit les mêmes choses, avec la même émotion, avec la même angoisse.

« Et c'est avec la peine la plus profonde de Notre cœur paternel que Nous pensons à la peine de ces pauvres chers fils au moment, qui sûrement viendra bientôt, où ils se réveilleront et comprendront toute l'absurdité de cet ensemble de mensonges que Nous venons de relever, et de cette frappante contradiction entre ce qu'ils veulent être, c'est-à-dire de bons catholiques, et l'attitude qu'ils prennent en réalité. Qu'en ce moment quelqu'un leur dise que leur peine a été Notre peine et qu'aucun cœur ne leur sera plus indulgent que le Nôtre. »

Il semble que cette parole auguste aurait dû toucher les cœurs les plus prévenus, éclairer les intelligences les plus obtuses. Mais non, l'aveuglement persiste. Aussi le Saint-Père, dans la même allocution, peut-il dire encore :

« Egarés à la suite et sous l'influence de tels maîtres ces pauvres fils n'ont que trop bien appris cette fausse théorie, d'ailleurs fort usée, de l'appel du Pape mal informé au Pape bien informé, du Pape qui se tient dans le ressort de la doctrine et du Pape qui sort du domaine doctrinal, du Pape infaillible et parlant *ex cathedra* (ce qui, nécessairement, ne peut arriver que très rarement), et du Pape accomplissant tant d'autres actions qui rentrent dans le gouvernement quotidien de l'Eglise ; ils ont appris aussi (c'était presque inévitable) à concilier et mêler des déclarations de soumission au premier des deux Papes avec la résistance, la désobéissance et la révolte au second. »

On le voit : pour écrire cette page d'histoire, il nous a suffi de laisser parler les textes.

Est-il possible de se méprendre, après d'aussi formelles déclarations du Souverain Pontife lui-même, sur le véritable responsable de cette condamnation ; est-il possible d'en ignorer les causes, le sens ou la portée ; existe-t-il, dans l'histoire religieuse de ces cent dernières années, une seule intervention romaine qui ait été plus prudemment préparée, plus sagement conduite, une seule condamnation portée enfin avec autant de modération, avec autant de douce fermeté ?...

L'opinion de nos lecteurs est faite. Nous devons maintenant examiner les doctrines philosophiques et morales de l'école condamnée.

Quelques raisons doctrinales de la condamnation

Ce qu'est cette condamnation

Dans sa lettre au Cardinal de Bordeaux, en date du 5 septembre dernier, le Saint-Père condamnait dans l'*Action française,* « les manifestations d'un nouveau *système religieux, moral* et *social,* par exemple au sujet de Dieu, de l'Incarnation, de l'Eglise et généralement du dogme et de la morale, *principalement dans leurs rapports nécessaires avec la politique, laquelle est légitimement subordonnée à la morale* », et il ajoutait qu'il y a dans ces manifestations des traces *d'une renaissance du paganisme* à laquelle se rattache le *naturalisme* que ces auteurs (les écrivains d'*A. F.*) ont puisé dans l'enseignement « de l'école moderne et laïque ».

*Inquiétudes qu'avant sa condamnation l'*Action Française *avait fait naître.*

Ainsi sont officiellement justifiées et déclarées les inquiétudes qui, depuis longtemps, se faisaient jour dans l'Eglise, et qui avaient amené la congrégation de l'Index à préparer les décrets aujourd'hui promulgués, dont les événements suspendirent la publication.

Parmi les premières et les plus significatives manifestations de ces inquiétudes, on doit signaler l'important mémoire adressé en 1913 au Souverain Pontife par Monseigneur Guillibert. L'évêque de Fréjus avait dû jadis à ses fonctions de curé aux Martigues d'être désigné pour surveiller et favoriser l'essor de la précoce intelligence du jeune Maurras. Déjà le plus ancien de ses maîtres, il en était resté par la suite et pendant de longues années le plus tendrement attentif. Sa paternelle affection qui ne s'est jamais démentie et s'exprimait encore en termes touchants dans une lettre de ses dernières années, récemment publiée, donne plus de poids à la sévérité dont le mémoire porte la trace.

Mgr de Fréjus relevait en outre « bien des assertions opposées à la morale, le mépris des petits et des faibles, la volupté, l'apothéose du paganisme grec ». Il dénonçait déjà la prétention de l'A. F. d'abriter derrière une intention politique intangible sa complète indépendance à l'égard de l'autorité religieuse. Avec une sévérité qui n'a pas été dépassée par le Cardinal de Bordeaux, il montrait l'Eglise tenue par Maurras et ses disciples pour une « collaboratrice de bonne aubaine » que l'on sert pour s'en servir ensuite, quitte à rejeter le christianisme, quand son esprit s'opposait à celui du système.

L'auteur du mémoire décrivait enfin, avec une clairvoyance vraiment prophétique, le péril d'aveuglement où risquaient d'être entraînés laïcs, prêtres et religieux, dans l'ivresse d'une admiration privée du contrôle d'elle-même. Ce péril depuis n'avait fait que grandir. Il préoccupait également, dans les derniers temps de sa vie, Mgr de Ligonnès qui écrivait bien avant l'intervention du Saint-Siège : « Ce n'est pas la passion politique qui me fait parler, parce que depuis toujours Ligonnès est pour son roi. L'Eglise de France s'est relevée assez facilement du danger que lui avait fait courir le sillonnisme : elle s'est relevée quoique plus difficilement du mal que lui a fait le modernisme : elle ne se relèvera que très difficilement du mal que lui fait actuellement l'*Action française* .(Lettre de Mgr Ligonnès au R. P. Calot, 1924) (1).

Puisse être démenti un pressentiment aussi douloureux !

Les pages suivantes ont pour unique but d'y contribuer. Elles ne veulent point refaire — ce qui serait superflu — l'étude philosophique et théologique qu'a récemment publiée M. J. Vialatoux, sous

(1) On trouvera une analyse détaillée du mémoire de Mgr Guillibert, de la lettre de Mgr de Ligonnès et d'autres documents épiscopaux dans le chapitre rappelant l'historique de la condamnation.

ce titre : *La Doctrine catholique et l'Ecole de Maurras* (1).

Elles visent un objectif plus immédiat : aider à s'ouvrir les yeux encore fermés à la lumière de Rome, et proposer aux âmes de bonne volonté, dont l'obéissance fut parfois plus héroïque que réfléchie, quelques raisons de se convaincre que, si l'*Action française* a été condamnée, c'est qu'elle ne pouvait pas ne pas l'être.

Il s'agira donc pour rester fidèle à ce dessein, d'exposer d'abord et le plus objectivement possible : 1° que l'Eglise avait le droit d'intervenir dans le domaine où s'est installée l'*Action française ;* 2° que cette intervention motivée par des erreurs doctrinales était rendue non seulement opportune, mais nécessaire à cause des altérations produites dans la pensée et l'action des catholiques qui adhéraient au mouvement de l'*Action française*. Il s'agira ensuite de rechercher pourquoi ces catholiques, amenés presque à leur insu à embrasser des principes contraires à la foi et à la morale, éprouvent tant de difficultés à s'en rendre compte.

L'Eglise avait le droit d'intervenir

L'*Action française*, au nom des libertés légitimes reconnues par l'Eglise aux citoyens dans l'organisation de la Cité, refuse au Souverain Pontife le droit d'intervenir à son propos et d'écarter les fidèles d'une

(1) J. Vialatoux, *La Doctrine catholique et l'école de Maurras, étude critique.* — Chronique Sociale de France, 16, rue du Plat, Lyon, 74 pages, prix, 4 fr. Cette étude importante, parue avec l'imprimatur de l'Archevêché de Lyon, a été honorée d'une lettre de S. E. le Cardinal Gasparri, 28 février 1927.

obéissance et d'une influence qu'il juge dangereuses pour les intérêts confiés à ses soins et contraires au dépôt des vérités dont il a la garde.

« Dans ce domaine politique, dit-elle, où nous étudions les conditions les meilleures pour la structure et le fonctionnement de l'organisme social, nous avons non seulement le droit, mais aussi le devoir de nous opposer à toute tentative extérieure qui tendrait à limiter la liberté de notre allure. Simple question de caractère et de dignité. »

Il ne s'agit pas de politique pure

L'Eglise est la première à s'interdire l'accès du terrain réservé à la politique pure, et le Saint-Père le rappelle dans ce même document contre lequel l'*Action française* élève sa protestation. Politique *pure*, dit-elle, et l'*Action française* entend « Politique *toute* politique ».

Ici commence la broussaille d'équivoques à travers lesquelles se poursuit le mouvement de l'*Action française* et qui la rendent d'abord insaisissable. Le sujet, traité ici, les rencontrera plus d'une fois.

La politique pure n'est pas toute la politique. Elle est moins encore la science politique dont l'*Action française* a la prétention d'apporter les seules solutions conformes à la raison et au génie de la nation française.

La forme de gouvernement, les modalités du suffrage universel, les pouvoirs du Parlement et de l'exécutif, l'organisation défensive de la frontière, l'organisation du système douanier, le régionalisme, voilà, entre mille, des questions de *politique pure*, à propos desquelles la liberté des citoyens est entière.

Mais la *politique,* considérée comme une partie de la sociologie, est une science de l'homme vivant en société. Elle touche aux problèmes les plus graves de l'activité humaine, aux fondements de l'autorité, aux limites de la liberté, aux difficultés soulevées par l'inégalité des conditions, aux rapports des citoyens entre eux et des nations entre elles, et premièrement aux relations de l'Eglise et des Etats. C'est elle qui enregistre les droits et les devoirs des membres de la Cité.

Comment l'Eglise resterait-elle indifférente aux intérêts des consciences qui y sont engagés, aux principes qui sont invoqués ? Ce serait pour elle abdiquer son pouvoir spirituel et sa mission de gardienne de la foi.

Le Concile du Vatican a solennellement prononcé qu'elle ne saurait y consentir.

« L'Eglise, lit-on au chapitre 4 du « *de Fide* », n'interdit pas à la science [à la science politique, comme aux autres] dans le domaine qui est le sien, de se servir de ses principes et de sa méthode propre : mais tout en reconnaissant cette juste liberté, elle veille avec soin à ce que cette discipline ne tombe pas dans l'erreur en s'opposant à la doctrine divine, ou qu'en débordant lés limites de son domaine, elle ne s'établisse sur le terrain de la foi et n'y porte le trouble. »

Incohérence des arguments de l'*Action Française*

Le chef lui-même de l'*Action française* accepterait-il de voir réduire aux questions de politique pure la tâche intellectuelle à laquelle il s'est donné ?

On demeure surpris de le voir aujourd'hui, pour

sauver à tout prix l'indépendance de son action et la liberté de ses partisans, contester des intentions dont il tirait vanité jusqu'à ce jour. Renoncerait-il à l'effort de redressement intellectuel dans lequel il a maintes fois annoncé qu'il plaçait le plus clair de ses espérances ?... Il a toujours protesté que l'*Action française* ne formait pas un parti, mais se flattait de constituer une école où l'on apprît à « bien penser ».

A côté du journal, il a fondé un Institut, des revues, des cercles d'étudiants qui sont avant tout des cercles d'études.

N'est-ce pas Maurras lui-même qui écrivait encore dans son journal, le 6 juin 1924 :

« L'Institut d'Action française est plus qu'un arsenal d'idées politiques, il doit être considéré comme un des principaux agents de restauration et de progrès de la pensée philosophique, esthétique, historique, juridique, économique, sur tous les points où elle a été corrompue et obscurcie par la fausse science... »

Ainsi l'*Action française* enseigne. En outre de la politique (et non pas seulement de la politique pure), son enseignement explore tout le domaine de la philosophie, de l'art, de l'histoire, du droit et de l'économie politique. Elle le proclame, elle s'en fait gloire et néanmoins elle se flatterait de soustraire à la juridiction de l'Eglise l'école de qui l'on attend d'aussi considérables effets pour la formation des esprits !

Dira-t-on que ni la morale ni la religion ne paraissent en titre dans ce programme de l'Institut ?... C'est bien, en effet, le dessein annoncé par Maurras de constituer une philosophie de l'histoire et du droit, une sociologie et donc aussi une politique uniquement fondée sur l'expérience, à l'exclusion de toute métaphysique et de toute morale : et nous allons voir que l'Eglise condamne cette théorie positiviste. L'Institut d'Action française avait cependant ouvert une chaire du *Syllabus*. Pense-t-on sérieusement que le *Syllabus* ne soit pas du ressort de l'Eglise ?...

En intervenant dans le domaine où s'est délibérément installée l'*Action française*, l'Eglise exerce donc évidemment son droit : ajoutons que ce qu'elle condamne méritait une condamnation doctrinale.

*Les Doctrines fondamentales de l'*Action Française *sont erronées*

Il n'est pas suffisant d'affirmer que la doctrine de l'A. F. abonde en erreurs. Malgré des parties saines, et qui d'ailleurs ne lui sont pas propres, elle constitue un système vicié dans l'ensemble par l'attitude intellectuelle de Maurras, agnostique et positiviste comme son maître avoué Auguste Comte.

Ces doctrines sont antichrétiennes

Maurras écarte comme inconnaissable Dieu et l'ordre surnaturel. Du Fils fait homme et dont il n'admet pas la divinité, il ne veut retenir que le fait historique, et dans la mesure où l'histoire parvient, d'après lui, à en préciser les éléments. A ses yeux, Jésus est un prophète hébreu qui tenta d'installer, au sein de la dure et solide Cité païenne, une Cité nouvelle, transformée par l'amour du prochain et donc ouverte à l'anarchie sociale. L'Eglise est une admirable construction purement humaine. En elle revivent la grandeur et la sagesse romaine où s'est dissous le « venin du *Magnificat* » : elle apporte à l'Etat l'appui de son principe d'ordre, et ce lien religieux qui cimente fortement les pierres de la cité.

Ces doctrines sont agnostiques

Positiviste, Maurras rejette toute métaphysique, c'est-à-dire toute recherche des causes premières, parce qu'il n'est pas au pouvoir de l'humanité de les atteindre et de les pénétrer. Il ne veut connaître que les faits matériels, intellectuels ou moraux, observables par l'expérience. De cette observation, et d'elle seule, il prétend, grâce au bon sens et à la raison éclairée par sa propre lumière, tirer toutes les lois qui, réglant l'activité humaine, déterminent l'organisation et le fonctionnement de la société. C'est « l'empirisme organisateur ». Y introduire la pression d'une règle morale fournie par la conscience ou la révélation, et que les faits ne livrent pas, c'est jeter dans l'ordre humain le mortel ferment de tous les désordres.

Une conception païenne de la Cité

L'œuvre personnelle de Maurras est comme un long regard d'amour et de regret tourné vers les civilisations d'Athènes ou de Rome. Là fleurissaient et la liberté des seules élites, — grâce à la servitude innombrable des humbles — et la beauté voluptueuse encore exempte des contraintes que devait propager l'Evangile des « quatre juifs obscurs » et le doux commerce de l'esprit cultivé dans les sphères privilégiées interdites aux lourdauds de la masse, et l'ordre de l'Etat maintenu par le glaive et par les supplices. Subtilement exposée dans les premiers ouvrages de Maurras, maintenue sauf quelques retouches de détail dans leurs plus récentes rééditions, latente et subjacente au fond de tous ses écrits, telle est la philosophie morale du chef de l'*Action française*. Ne devait-elle pas être justement signalée par le Souverain Pontife, comme portant les traces d'une renaissance de paganisme ?

Une fausse théorie des rapports existant entre la civilisation et les nations

Toute la pensée de Maurras, écrivain politique, telle du moins qu'elle peut être appréhendée dans son élasticité décevante à travers une œuvre où l'on ne voit pas qu'elle essaye de se définir avec clarté, toute la pensée de Maurras, transfuge impénitent de la cité de Dieu, se concentre et se complaît dans la cité terrestre. C'est le temple de l'homme et la prodigieuse construction de la raison qui est la merveille de l'animal humain. La raison de l'homme a conçu la cité pour s'y abriter et s'y épanouir, et s'y perpétuer comme l'instinct de l'abeille a produit la ruche. Les abeilles passent, mais la ruche demeure. Sous un ciel opaque et sombre, au mystère impénétrable, l'effort de l'humanité doit se porter d'abord à sauver la cité par la raison et la raison par la cité : place donc aux surhommes de l'intelligence qui sont les porteurs du flambeau ; place à la civilisation privilégiée, la grecque, en premier lieu, puis la romaine et la latine qui dresse le piédestal où brûle la flamme et déploie la tente sacrée où elle pourra monter sans redouter l'insulte des éléments ; place à la nation qui incarne cette civilisation, perpétue le temple et conserve le flambeau.

Ceux-là sont les ennemis qui ne consentent pas à reconnaître leur rang inférieur dans l'humanité, à servir les héros de la raison, à s'incliner devant la nation prédestinée par les forces obscures de la vie.

Equivoques dans la notion de l'Etat

L'Etat est le gardien de la Cité ; la politique est la science des lois qui règlent l'organisation de la Cité et le fonctionnement de l'Etat. Pour les abeilles, l'étude de leurs mœurs révèle le droit de la reine et la loi de la ruche. L'observation de l'histoire et des mœurs humaines fera connaître avec la même rigueur le droit de l'Etat et le droit de la Cité.

Nous disons que, pour Maurras, la Cité est un absolu. Il hausse les épaules et nous accuse d'incompréhension (voir ci-après la citation tirée de l'*Action française* du 21 octobre 1926). En effet, il n'y a pas d' « absolu » pour Maurras. Le mot ne trouve sa place ni dans le langage ni dans la pensée d'un philosophe positiviste pour qui seul existe ce qui tombe sous le sens dans le domaine de la vie intellectuelle et matérielle. Disons que la Cité est, pour Maurras, ce que nous appellerions un absolu. Elle est le plus haut souci de son esprit et presque l'unique : elle est le plus précieux objet, supérieur au temps et à l'espace, le centre de son système où convergent toutes les avenues de sa pensée et toutes les démarches de son action. La loi suprême est le salut de la Cité ; devant son intérêt, l'intérêt de l'individu n'existe pas.

Telle est l'ossature du système dépouillé des brillants artifices d'un esprit nourri de la moelle antique et dont la souplesse dialectique est étonnante. Le fond reste brutal, si l'expression est atténuée par la volonté de séduire, par une ancienne familiarité avec la doctrine catholique et par la nécessité de fasciner un auditoire croyant. Il convient de ne jamais oublier que Maurras n'a d'espoir de réaliser sa pensée que par les catholiques, puisque, seuls ou presque seuls, ils ont répondu à l'appel des fondateurs incroyants de l'A. F.

Les Doctrines de l'Action Française méconnaissent la nature de la Religion

Cependant, malgré le rang d'honneur accordé au catholicisme, appui de l'Etat, institution humaine préposée à la fonction religieuse dans la Cité, Maurras ne dissimule pas sa répugnance à l'égard du christianisme et de la conscience chrétienne. Il n'aime point ces chrétiens qui conversent avec leur Dieu par-dessus la tête du Souverain. Il sait bien qu'à partir du christianisme « le devoir par excellence, selon un texte fameux de Fustel de Coulanges, n'a plus consisté à donner son temps, ses forces et sa vie à l'Etat. La politique et la guerre n'ont plus été le tout de l'homme... L'homme a senti qu'il avait d'autres obligations que celles de vivre et de mourir pour la Cité... Toute une moitié de l'homme a échappé à l'Etat ».

Ces doctrines aboutissent à la négation des droits de la conscience et au libéralisme

Quant à la conscience chrétienne, Maurras la poursuit de ses traits indirects. Parce que ses excès ont un jour enfanté l'individualisme, il la tient pour la mère de l'indiscipline moderne, longtemps enchaînée par l'absolutisme. Elle n'est pas, pense-t-il, un de ces faits à l'étude desquels la politique positiviste borne son effort. Elle n'entre pas dans un système social. Celui-ci est donc condamné justement par la lettre pontificale comme refusant de subordonner la politique à la morale, il est en effet dans toute l'acception du mot « un libéralisme politique ».

Certes, l'étude des faits, la leçon de l'histoire sont choses nécessaires pour l'homme politique. Une science de l'homme a besoin de connaître les manifestations de l'homme, la forme de ses institutions, les suites de certains actes, les circonstances qui ont paru le plus favorables à la prospérité sociale. L'observation révèle ainsi des coïncidences singulières, des conséquences probables. Pour l'élaboration de la politique *pure*, elle pourra parfois suffire.

Une physique politique

Mais combien la science politique la dépasse !

Ces lois de l'histoire auxquelles Maurras attribue, à l'égard de l'organisme social, une valeur déterminante aussi rigoureuse que les lois physiques pour l'organisation physique, comment ne voit-il pas que c'est justement la dignité et le devoir de l'homme, de modifier ce qui peut être amélioré, en elles, et de ne pas s'abandonner comme une chose à leur mécanisme fatal.

Les faits ! Quels faits ?... Ne faut-il pas choisir selon les temps, les races, le degré de civilisation pour transposer la leçon donnée et l'appliquer à notre époque ?... Choisir ? mais en vertu de quels principes, de quel idéal, de quelle loi supérieure ?...

Le bon sens et la raison suffisent, affirme Maurras. Rapprochons des faits cette affirmation. Prenons un exemple. Pendant des siècles, peut-être pendant des milliers d'années, des peuples ont offert des sacrifices humains à leurs divinités. De monstrueuses hécatombes ont inondé de sang le sol habité. Que devrait en conclure le politique positiviste, s'il se contente d'interroger les faits et de leur demander leur leçon ? Rien autre, sinon que l'immolation des hommes sur les autels représentait une institution liée à la nature humaine.

M. Maurras se récrie-t-il ?... Objecte-t-il qu'il a toujours déclaré son dessein de soumettre les faits au bon sens et à la raison ?...

On lui répondrait que la raison la plus cultivée, mais privée de la lumière divine, celle des païens les plus élevés en dignité intellectuelle, ne trouvait rien à redire à cette pratique barbare. Thémistocle, contemporain de Périclès, prélude à la bataille de Salamine par des sacrifices humains, pour se rendre les dieux favorables.

Confusions
entre l'inégalité et la servitude

L'esclavage fournirait un autre exemple et non moins instructif, car il fut pendant des milliers d'années la loi politique et économique de l'humanité. Sa suppression nous est montrée comme un malheur dans le mythe des serviteurs de *Chemin de*

Paradis. Peut-il en être autrement, quand on exalte, comme le fait Maurras, la Cité antique ?... Or cette exaltation de la Cité antique, — de quelque nom nouveau qu'on la déguise — ne peut conduire qu'à une doctrine et à une action politique en opposition formelle avec le christianisme.

Confusions entre la Barbarie policée de la Cité antique et la vraie Civilisation

Car la venue du Christ a eu pour effet de corriger la leçon des faits, et de rendre impossible le retour d'un état social que nos païens modernes saluent comme la civilisation, mais qui n'était autre chose qu'une barbarie policée. Chaque progrès du christianisme marque plus nettement le désaccord de l'Evangile et de cette Cité antique.

Un catholicisme qui ne serait plus chrétien

A moins donc de dissocier, comme prétend le faire Maurras, à l'exemple de certains protestants libéraux, le Christianisme et l'Eglise catholique, il faut reconnaître, de toute évidence, que celle-ci ne pouvait s'empêcher de condamner tôt ou tard, — et du point de vue doctrinal — un système politique logiquement antichrétien.

*Ces Doctrines erronées font dévier l'action politique des catholiques d'*Action Française

Les membres catholiques de l'*Action française* ont longtemps refusé d'en convenir. Beaucoup éprouvent encore, à l'heure actuelle, une grande peine à comprendre, comment l'erreur personnelle de Maurras déforme et détourne les aspirations légitimes de leur âme, comment elle s'insinue à travers la polémique journalière et les directives pratiques du journal d'*Action française* au point de rendre condamnable la manière de servir d'aussi nobles causes que l'Eglise, la patrie, l'autorité, la raison.

Les moyens employés par l'*Action Française* sont souvent condamnables

Qu'ils veuillent bien réfléchir d'abord que le but peut être louable, sans que le soient les moyens. Il y a une façon chrétienne, et une autre qui ne l'est pas, de défendre ce qui est le plus défendable. Un fils sera-t-il loué de protéger par le crime ou le vol la tranquillité de sa mère ?... Quoi de plus beau que l'ordre et cependant l'histoire a stigmatisé ceux qui jadis le firent régner à Varsovie. L'autorité des Soviets ne manque point de fermeté, qu'on sache, et la sécurité de la Russie est assurée entre leurs mains. On ne songe pas à leur en faire gloire.

Le but assigné à l'*Action Française* est plus souvent encore équivoque

Le but lui-même, comme le montrent ces deux derniers exemples, est susceptible de sens divers, et qui ne sont pas également acceptables pour un chrétien. L'ordre, l'autorité ne sont pas des biens par eux-mêmes. Tout ordre et toute autorité ne sont pas louables. Pour nous, catholiques, ils ne le sont que dans l'ordre chrétien. Et voilà la clef du malentendu. Maurras ne connaît pas l'ordre chrétien : rejetant Dieu, le Christ, l'Evangile, la mission divine de l'Eglise, l'égalité de nature, d'origine et de fin des hommes, leur destinée surnaturelle, l'éminente dignité de la personne humaine, la fraternité dans le Christ des membres de la famille humaine tout entière, il est incapable, par le but qu'il poursuit et par les moyens dont il use, de comprendre et de servir l'ordre social chrétien. Alors même que la voie suivie par lui se rencontre avec la nôtre, elle offre peu de sécurité et risque de compromettre notre action dans la sienne.

Illusions positivistes

Que Maurras ne se rende pas compte de cette incompatibilité, c'est à notre avis fort probable. Auguste Comte s'illusionnait ainsi, quand il proposait son alliance au Pape. Que cette incompatibilité ne saute point toujours aux yeux, c'est ce que fait apparaître l'extrême indulgence rencontrée par le chef de l'*Action française* auprès de juges de qui l'on pût attendre plus de sévérité. Mais le *danger d'une erreur est en grande partie fait de l'apparence de vérité dont elle s'enveloppe et de la part de vérité qu'elle renferme.*

Privé non seulement du sens chrétien et du bénéfice de la révélation, mais encore par un athéisme radical qui le place au-dessous des sages païens, de la croyance en quelque divinité supérieure armée de sanctions, dont l'influence disciplinerait les consciences et pacifierait la Cité, Maurras, qu'il le veuille ou non, ne peut logiquement fonder l'ordre et l'autorité que sur la force.

La force indûment exaltée au nom de la raison

La soumission du citoyen aux contraintes de l'Etat peut-elle être espérée de son obéissance à la loi morale, quand on méconnaît la véritable nature de la conscience humaine et l'existence de Dieu ?...

Qui n'obéit pas au devoir, s'inclinera, il le faut, devant la force.

A elle donc d'organiser la Cité.

Maurras, enivré par la raison, et ses disciples catholiques, abusés par leur confiance dans l'action régulatrice de leur foi, n'aperçoivent pas le désordre immanent et permanent d'un ordre fondé sur la force. Ils ne voient pas l'état de révolte constante et d'affreuse tyrannie qui serait instauré par un système politique conçu et appliqué dans le dédain d'une loi morale éternelle. C'est en vain qu'on espère recourir au contrepoids d'une Eglise tenue pour ennemie par la majorité des citoyens, et à qui on a commencé par ne reconnaître qu'une valeur humaine. Lorsque Maurras rêve de l'ordre grec et de la paix romaine, à travers le mirage d'un enthousiasme que dément d'ailleurs l'impartial examen des faits, il néglige la bienfaisante et fondamentale influence exercée dans les sociétés païennes par la religion du foyer ou de la Cité.

L'autorité faussée en son principe même

Pour ses partisans, l'autorité se personnifie dans « l'homme au fouet ». Elle est essentiellement, comme au temps du paganisme, la poigne qui dompte les résistances du troupeau, qui maintient rudement la multitude à son labeur et dans son incompétence foncière pour tout ce qui regarde le gouvernement de l'Etat.

La raison de cette autorité, son but essentiel est de maintenir non seulement la sécurité et le prestige légitime de la patrie, mais d'assurer sa suprématie et d'exalter l'orgueil national par l'humiliation des autres peuples. La prospérité de la nation se confond avec les succès qui justifient cette exaltation.

Pour le chrétien, au contraire, l'autorité est l'organe naturel de la société chargé de pourvoir au *bien commun*, c'est-à-dire au bien de tous, des petits comme des grands. Sa sollicitude, qui est due à tous, l'est plus encore à ceux qui en ont le plus besoin. Sans illusion sur l'inégalité nécessaire des conditions, sans indulgence à l'égard des prétentions excessives de l'individualisme, elle veille à faire profiter des bienfaits de la civilisation ceux qui en sont les artisans les plus nombreux et les plus malheureux.

Tous les droits, tous les devoirs — car elle a des devoirs — de l'autorité, dérivent de cette admirable conception. Elle commande avec fermeté quand il convient, mettant, s'il le faut, la force au service du droit, mais elle s'applique incessamment à servir. Régir *et servir, dit Bossuet, c'est toute l'autorité.* Et le souverain qui détient la plus haute autorité s'intitule : le serviteur des serviteurs de Dieu.

Confusions nouvelles entre le patriotisme et le nationalisme

Le patriotisme entretenu par cette autorité dans le cœur des citoyens est cet amour de la patrie, source de vertus héroïques dont a parlé Pie XI dans son *encyclique « Ubi arcano ». Il s'oppose au nationalisme* athée condamné en même temps et signalé comme la cause de grands maux. Le patriotisme chrétien est vigilant, il est soucieux des intérêts et de la dignité de la patrie ; mais il est aussi respectueux, dans la prudence, du bien commun à tous les peuples, et il souhaite, comme l'Eglise nous y invite, de voir enfin les nations civilisées, porter leurs conflits devant un tribunal supérieur à toutes les nations et gardien du droit international.

L'*Action Française* n'a pas la vraie notion du bien commun

Cette notion du bien commun national et international est une des plus étrangères à l'*Action française*. Il est surprenant que les fidèles de l'*Action française* et les lecteurs de son journal n'en conviennent pas. Qu'ils se remémorent la mauvaise humeur qui leur fut inspirée contre les directives sociales de Léon XIII et l'irritation entretenue chez eux à l'endroit des appels de Benoît XV et de Pie XI en faveur de la paix chrétienne.

Les adhérents à l'*Action Française* en contradiction avec les enseignements sociaux des Papes

Qu'ils relisent avec le désir de s'en pénétrer les enseignements de Léon XIII, de Pie X, de Benoît XV et de Pie XI. Ils sentiront, mieux encore qu'on ne saurait ici le dire, à quel point l'esprit dont les a imprégnés la lecture assidue du journal de l'*Action française*, diffère de cette philosophie de l'Evangile sans cesse rappelée par la Papauté et par elle appliquée aux circonstances présentes.

Ils se jugeront alors avec peu d'indulgence à propos du respect dû aux pouvoirs établis. La fidélité à leur idéal monarchique, une énergique opposition par les moyens légitimes aux lois mauvaises n'autorisent pas cet état de perpétuelle conspiration et d'insurrection, cette atmosphère de guerre civile, de catastrophe et de violence dans lesquels ils se complaisent.

...Dans leur manière de se comporter vis-à-vis des pouvoirs publics

Il y a une façon chrétienne de gouverner la Cité et de servir la patrie. Il y a une façon chrétienne de manifester dans l'Etat les oppositions nécessaires.

...Dans leur manière de défendre l'Eglise

Il y a aussi une façon catholique de défendre l'Eglise catholique. Il semble que sur ce dernier point les illusions soient plus grandes encore, si c'est possible, que sur les autres. Là, plus encore qu'ailleurs, la fermeté ne se confond pas avec la violence. Les luttes de l'Eglise militante ne s'accommodent pas d'outrages. De ses ennemis, l'Eglise souhaite ardemment de faire ses fils. Elle se défend contre leur aveuglement, mais sa victoire véritable sur eux c'est de les convertir.

...Dans leur manière d'exercer l'action civique

Est-ce la servir utilement que de déclarer sans répit aux adversaires dont les préférences vont au régime actuel qu'elle ne saurait trouver la paix et le respect qu'après le renversement de ce régime en paraissant lier, de fait, sinon d'intention, et contrairement à la doctrine de l'Eglise, les destins indépendants du trône et de l'autel ?...

Aveuglement des catholiques d'*Action Française*

Comment expliquer l'indulgence et l'aveuglement de certains catholiques au sujet des erreurs qui sont à la base de la politique et de l'action de Maurras et de son école ?...

Pour beaucoup, sans doute, l'explication se trouverait dans une altération du sens catholique et l'absence de formation doctrinale. Ce n'est pas dans un journal de violente polémique quotidienne qui, pour la plupart, est toute leur lecture, qu'on apprend à « bien penser ».

Un phénomène d'intoxication collective

Mais s'en tenir là serait méconnaître la valeur religieuse, intellectuelle et morale d'une élite dont l'acquiescement tient à d'autres causes.

Les unes sont propres aux catholiques d'Action française. Les autres à Maurras. Enfin il faut signaler encore la commune illusion que l'incroyance du second pourrait être corrigée par la croyance des premiers. Le temps aussi a fait son œuvre. Avec les années, les lecteurs de l'A. F. en sont venus à ne pouvoir respirer d'autre air que celui dans lequel ils avaient accepté de vivre. Ils ont été lentement intoxiqués et habitués au poison.

Vocabulaire conservateur au service d'idées libérales

Il semble bien que, pour beaucoup, ce qui les a conquis et retenus, c'est le vocabulaire et les tendances d'une opinion conservatrice formée d'abord dans l'éloignement de Rome et revenue ensuite au catholicisme, sans avoir entièrement acquis le sens chrétien qui en est inséparable. L'*Action française,* tout en faisant violemment le procès de l'impuissance conservatrice, a pris la succession de ceux qui maniaient ce vocabulaire : elle a flatté ses tendances. Elle a incessamment nourri et caressé cette éternelle irritation qui se satisfait de violences verbales contre les ennemis, et qui dénigre les pouvoirs établis.

L'*Action Française*, refuge des réactionnaires mécontents

Elle a continué Cassagnac et Drumont : elle a rallié les mécontents qui ne se consolent pas de n'être plus des dirigeants et préfèrent s'immobiliser dans le rêve d'un idéal lointain plutôt que de courir aux tâches prochaines réclamées par le mauvais état d'une société coupable. Elle a servi de refuge aussi aux sourdes hostilités, que rencontrait l'initiative hardiment sociale et pacificatrice de la Papauté.

L'illusion des meilleurs

D'autres, parmi les meilleurs, ont cru reconnaître dans les revendications de l'A. F. les aspirations de leur âme catholique. L'ordre, l'autorité, la patrie, ces mots prestigieux feront toujours courir des Français vers celui qui les prononce avec flamme : celui-là paraît marquer à beaucoup la direction du salut, même s'il s'appelle tout simplement ...Boulanger ! Cette confiance part des plus généreux sentiments ; on doit seulement regretter que le souvenir de cruelles désillusions ne la tempère pas d'un peu de sens critique. Il manque, nous l'avons vu, aux catholiques d'Action française, d'y regarder d'un peu plus près touchant l'ordre, l'autorité et le patriotisme qu'on leur propose.

Mais rien ne tient davantage au cœur des croyants que la défense de l'Eglise, persécutée et spoliée depuis quarante ans. L'A. F., née dans l'athéisme et l'anticléricalisme vers lequel elle incline à nouveau, s'est peu à peu orientée, pour entrer dans le dessein de Maurras et contenter sa clientèle, vers une attitude protectrice à l'égard de l'Eglise. Ne pouvant logiquement comprendre que l'esprit temporel des sociétés existantes, elle ne voit le bien de l'Eglise que dans un succès temporel, dans une revanche temporelle sur des adversaires détestés.

Elle se rencontre sur ce terrain avec une portion de l'opinion catholique trop inclinée à voir les progrès de l'Eglise rigoureusement enchaînés à la faveur temporelle dont elle jouit. Les troupes de Maurras ont voulu porter le drapeau d'une action catholique ainsi comprise et le porter au premier rang. L'illusion des catholiques d'A. F. s'explique par ces raisons.

Les principales cependant sont imputables à Maurras lui-même.

La séduction de Maurras

On chercherait vainement dans ses écrits l'exposé d'ensemble de sa doctrine. Elle se révèle dans les jugements portés sur les hommes ou sur les événements et généralement sous une forme critique. Il convient de souligner cette particularité. L'œuvre de Maurras est essentiellement critique : elle n'est pas *didactique*. Bien qu'elle soit, au premier chef, un enseignement, elle en prend rarement la forme. Maurras combat tout ce qui est contraire à sa pensée intime, mais en évitant, surtout dans le journal, ce qui ressemblerait au développement d'une thèse générale sur l'ordre social. Ses partisans catholiques apprennent ainsi, sans être mis en garde, par des principes contraires aux vérités chrétiennes, à juger les choses d'une certaine manière foncièrement antichrétienne. Le grand art de Maurras est d'envelopper sa pensée dans cette forme négative dont la dangereuse séduction est encore aggravée par une terminologie empruntée parfois au vocabulaire catholique. Maurras, on l'a justement remarqué, excelle à exprimer une pensée *positiviste* dans le vocabulaire *thomiste et aristotélicien.* Sous sa plume, les mots catholicisme, raison, ordre, politique, nature, anarchie, ont un sens particulier, qu'il entend fort bien, mais qui n'est pas entendu de la même manière autour de lui. La difficulté est donc grande de mettre en relief son erreur : et, d'autre part, si l'on essaye d'exprimer sa pensée véritable dans le langage de la théologie, il crie à l'incompréhension.

Ses équivoques sur l'ordre naturel

L'équivoque de l'ensemble du système signalée dans le sens du mot « politique », est ainsi aggravée par une multitude d'équivoques de détail. M. Vialatoux en a démêlé avec beaucoup de sagacité l'écheveau. Il a montré que l'équivoque la plus grave parce qu'elle est à la base du système porte « sur l'ordre naturel ». Quand Maurras parle de la nature, c'est dans un sens tout différent de celui qui est entendu par l'Eglise. Pour lui l'ordre naturel est donné par tous les faits matériels, intellectuels et moraux, que l'expérience enregistre au cours des temps. Pour l'Eglise, au contraire, la nature humaine est constamment appelée par la grâce à se dépasser elle-même, à aller au delà des faits qui n'en donnent qu'une incomplète et fausse expression.

Ses équivoques sur le catholicisme

D'autre part, nous savons déjà que, pour le chef intellectuel de l'A. F., le catholicisme est une religion vidée du christianisme. Chaque fois qu'il en prononce l'éloge, que ses disciples se représentent ce qu'il loue ; ils comprennent le danger de cette équivoque.

Ses équivoques sur le nationalisme intégral

Ils croyaient jusqu'ici saisir la pensée de leur maître sur le « nationalisme intégral ». Les plus avisés s'y trompent cependant.

M. Buré, un ami du dehors, prenant violemment la défense de ce maître contre le Pape, le félicitait de son nationalisme intégral. Dans l'*Action française* du 21 octobre 1926, Maurras lui démontrait longuement qu'il ne le comprenait pas. Le nationalisme intégral « n'est pas un nationalisme frénétique, fanatique, effréné, ne connaissant de limites ni de contrôle que lui-même, et constituant la nation en entité métaphysique et théologique, à laquelle un véritable culte de latrie serait accordé ». Nationalisme intégral signifie seulement monarchie.

Cependant, le 1er août 1922, le même Maurras saluait, avec Chénier, dans son journal, « la déesse France », et disait ses raisons d'aimer « ce dieu si rationnel ». Revenant enfin sur ce sujet dans sa lettre au Saint-Père du 12 octobre, il exposait que ses disciples « sont si peu des sectateurs de la « Déesse France », que beaucoup d'entre eux se distinguent par la vivacité de leur foi chrétienne ».

Mais lui, Maurras, en est-il sectateur ?... L'accent de son œuvre nous trompe-t-il ?...

Subtilités sophistiques d'une pensée qui se dérobe

On lui reproche avec raison d'ignorer la fraternité chrétienne. Il répond (*Action française* du 21 octobre 1926), que s'il a « imposé une mesure à la tentation d'aimer et de croire indistinctement, indiscrètement tous nos semblables », c'est qu'il aime « mieux ce qu'un très beau terme du vocabulaire catholique appelle « notre prochain ».

Qui a jamais demandé d'aimer *indistinctement* et *indiscrètement* tous les hommes ! on dirait que sa pensée veut se la rendre insaisissable.

A en croire la *Gazette française*, 6 janvier 1927, Maurras aurait écrit en 1913 : « Les gens qui m'accusent de produire un enseignement philosophique ou religieux particulier ne savent pas l'impossibilité qu'ils dénoncent. Qui connaît un peu ma pensée la tient pour incommunicable. » Ce qui est sûr, c'est qu'aussitôt qu'on l'entreprend sur un point, Maurras proteste qu'on le défigure, qu'on le travestit. Si on le cite, le sens donné de la citation est représenté comme démenti par le contexte. Lui fait-on grief d'avoir écrit que « c'est une question de savoir si l'idée de Dieu, du Dieu unique et présent à la conscience est une idée bienfaisante et politique », on s'entend répondre, qu'il n'avait en vue que le déisme protestant, le déisme allemand et suisse qui s'identifie dans sa pensée avec le déisme du vicaire savoyard.

Comment savoir la pensée véritable du chef de l'*Action française* ? Il est probablement sans exemple qu'il ait reconnu à ses critiques l'intelligence de ses paroles. Ce serait le singulier destin de ce penseur, célèbre pour exalter le mérite des idées claires ;

il n'est, en fait, compris de personne : ni de ses disciples qui admirent un aspect fallacieux de sa pensée, ni de ses adversaires, déclarés par lui toujours inaptes à l'atteindre.

A quoi bon rappeler encore une fois la controverse sur le « Politique d'abord » et les tentatives faites pour rendre cette formule acceptable ?... L'essai d'interprétation, fondé sur la distinction de ce qui est premier dans l'intention ou premier dans l'action, se heurte à l'impossibilité pour des chrétiens d'admettre en aucun cas une science politique utile et bienfaisante qui ne reconnaîtrait pas la primauté des exigences morales.

Impuissance des catholiques d'*Action Française* à expliquer convenablement la formule : « Politique d'abord »

Les disciples catholiques qui ont sollicité sans y réussir une explication admissible pour eux du « Politique d'abord », sentent bien que la « Physique sociale » étrangère à toute métaphysique, à toute religion, à toute morale, base de l'empirisme organisateur, ne répond pas à la Politique chrétienne pour laquelle, selon le mot de M. La Tour du Pin, « Dieu est la clef de voûte de l'édifice social ». Ils ont imaginé (voir Valdour, *Gazette française* du 19 mai 1926), pour mettre leur conscience en repos, de compartimenter la science sociale : d'une part, la « Physique sociale » à laquelle Maurras reste préposé, et, de l'autre, une « Métaphysique sociale » où s'épanouirait la doctrine de l'ordre social chrétien. Cette ingénieuse combinaison suppose à tort que l'homme complet est l' « homme naturel » de Maurras achevé par l' « homme surnaturel ». M. Vialatoux a mis en relief cette erreur.

Et il observe avec raison que la politique maurrassienne fait bien plus que risquer l'erreur du naturalisme politique ; elle la commet. Et c'est bien ce que dit en propres termes la première lettre du Pape à S. E. le Cardinal de Bordeaux, lorsqu'elle l'approuve d'avoir condamné avec raison « ces manifestations d'un nouveau système religieux, moral et social... ». « Il y a en substance, et non pas seulement en puissance dans l'école de Maurras, un naturalisme, parce que, dans le maurrassisme, le social fait système (et système clos, car il est de l'essence d'un système d'être clos) avec le religieux et le moral ; et c'est bien ce système qui constitue l'ensemble païen dont l'Eglise entend se désolidariser et se défendre. » (Op. cit. p. 78.)

L'*Action Française* n'est point réaliste

L'homme que Maurras considère comme l'élément de sa sociologie, sorte d'animal raisonnable fermé à l'intelligence d'un pouvoir et d'une règle supérieure au monde, est un monstre qui n'a jamais existé. Il n'est imaginable que par une incomplète observation des faits et révèle le grave défaut de la méthode. Il se place fort au-dessous des païens et des non-civilisés.

L'*Action Française* utilise des catholiques pour le triomphe du laïcisme

Une société faite à la mesure de cet homme se révélerait bientôt, à l'*usage*, intolérable pour le citoyen, et non moins hostile au Christ, qu'une société de francs-maçons et de sectaires. C'est du pur laïcisme que de la concevoir. Supposer que le vice initial en pourrait être corrigé par la protection officielle de l'Eglise, est une illusion terriblement dangereuse pour la société et pour l'Eglise. Ou bien cette Eglise qui n'est rien sans le Christ, sans l'Evangile et sans le Pape, se dressera contre l'Etat dans un conflit autrement aigu que celui des premiers siècles, et dont l'insoumission actuelle de l'A. F. est susceptible de donner un aperçu, ou bien l'on reverrait une Eglise domestiquée, asservie à l'Etat, véritable Eglise nationale, telle que des gallicans l'ont pu rêver ; cette église perdrait vite dans la Cité toute valeur chrétienne et donc catholique, et deviendrait l'instrument d'une abominable oppression spirituelle.

Non, l'homme de la nature dont parle Maurras n'est pas celui que le surnaturel achève. Ils s'opposent de droit l'un à l'autre. Et toute tentative pour les concilier de fait ne saurait aboûtir après une expérience de courte durée qu'à un conflit mortel entre la « Physique sociale » et la « Politique chrétienne ».

Conclusions

Il faut opter entre le maurrassisme et le christianisme

Agnostique et positiviste déclaré, Maurras ne croit même pas en Dieu : toute sa pensée est en opposition avec le Christ et l'Evangile. L'objet propre de son enseignement est une politique construite sur la seule observation des faits, à l'exclusion de toute préoccupation métaphysique ou morale, et tournée exclusivement vers l'intérêt de la nation et de l'Etat.

Cette option s'impose jusque sur le terrain de l'action politique

On voudrait soutenir, qu'en fait, dans la pratique, rien ne transpire, à travers sa doctrine et son action, des aberrations de son esprit. S'agissant d'un écrivain renommé pour l'unité et la continuité de son esprit, cette dualité, ce cloisonnement de l'intelligence semblent déjà fort invraisemblables. Mais ils apparaissent rigoureusement impossibles, quand on songe à l'objet de la science politique, science de l'homme, qui agite précisément les questions les plus liées aux erreurs de Maurras. La politique est l'art de gouverner les hommes vivant en société pour connaître, aimer, servir Dieu et mériter la vie éternelle. Elle est l'art de procurer le bien commun matériel et spirituel. Comment construire raisonnablement une politique, quand on se refuse à connaître ce bien commun spirituel et qu'on ignore cette destinée surnaturelle ? Même pour en établir les données purement naturelles — ce qui serait un résultat déjà fort éloigné d'une vraie science politique — il faudrait au moins reconnaître un ordre naturel conforme à la doctrine catholique. Ce n'est pas le cas de Maurras.

Impossible aux catholiques de se dérober à cette option

Les disciples sont donc gagnés par une certaine conformité apparente du but poursuivi par leur maître et par eux-mêmes. Ils sont leurrés par ses prévenances pour l'Eglise de l'ordre : ils sont séduits par les ménagements et les avances prodigués au catholicisme. Ils sont entraînés par l'ardeur de la bataille menée contre des adversaires communs de leur idéal politique. Ils s'habituent à boire le vin violent de la colère. Leur palais finit par avoir besoin de cet alcool.

La pensée philosophique de Maurras, selon leur propre aveu, est inconnue de la plupart. La vraie doctrine de l'Eglise semble bien ne pas leur être connue davantage, si l'on en juge par leur indulgence pour un catholicisme séparé du christianisme et souvent même opposé à ce qui est son essence. Comment ceux-là, c'est-à-dire le plus grand nombre, distingueraient-ils dans le système de l'A. F. les erreurs de son chef ?...

Les moins intellectuels parmi les adhérents à l'*Action Française* doivent opter

Au reste, le rôle des idées est relativement faible dans les grands mouvements qui arrachent à l'Eglise une partie de ses enfants. La grande armée janséniste, combien a-t-elle compté de fidèles, capables de comprendre les erreurs de l' « Augustinus » ?...

On se met en repos derrière l'assurance de théologiens anonymes. Quelle est cependant l'hérésie qui en a manqué ?... Des théologiens contre le Pape, c'est le signe à quoi on reconnaît les courtiers de l'erreur doctrinale.

L'illusion des vrais croyants avant la condamnation pontificale a son excuse. On s'expliquerait moins qu'elle se prolongeât, maintenant que s'est produite, avec une déplorable virulence, l'éruption des humeurs mauvaises ignorées par eux jusqu'à ce jour.

Comme il arrive d'ordinaire, les erreurs initiales manifestent leur liaison avec d'autres et l'on est à la fin bien en peine de les dénombrer.

Voici qu'un anticléricalisme de droite se déchaîne

Le nouveau système religieux, moral et social condamné par le Saint-Père, portait dès le début le stigmate du *naturalisme* foncier de Maurras et de son *rationalisme.* Par son indépendance à l'égard de la morale, il constituait un *libéralisme* politique. La révolte actuelle révèle l'insuffisance d'une doctrine de l'ordre et de l'autorité, qui conseille le refus d'obéissance aux sommations de la plus légitime autorité : elle laisse voir un fond morbide *d'individualisme* et de *laïcisme.* En outre, le nouvel *anticléricalisme* de droite ne dissimule même pas qu'il est un réveil de l'ancien *gallicanisme.*

A la voix du vieil orgueil, père de toutes rébellions, les erreurs se lèvent en foule et se conjuguent. Elles montreraient, s'ils persévéraient dans leurs torts, la qualité du catholicisme de ceux qui se croyaient ses représentants les plus authentiques et les meilleurs.

Les membres croyants de l'A. F. laissaient volontiers entendre qu'ils avaient le privilège de la vertu de force. Puisqu'elle signifie d'abord et principalement « la victoire sur soi-même », l'occasion s'offre à eux de donner la preuve qu'ils la possèdent.

Que la vertu de force les sauve de l'orgueil obstiné qui fait les hérétiques !

La déformation du sens chrétien

L'A. F. est une école plus encore qu'elle n'est un parti ; la restauration monarchique paraît même intéresser infiniment moins ses chefs que l'établissement d'une dictature intellectuelle dont ils seraient les bénéficiaires. Le roi lui-même ne serait qu'un instrument entre leurs mains ; ils ont « fait capituler » le prétendant (1).

A cette école, sous de tels maîtres, les catholiques qui leur font confiance subissent, c'est un fait, de fâcheuses influences. Pour s'en être rendu compte et après examen *personnel* de toutes les pièces de ce procès, le Souverain Pontife a porté sa sentence.

Il ne s'agit pas de légitimer ici la décision romaine, mais de montrer quelles déformations l'A F. fait subir au sens chrétien de ses fidèles.

C'est le Pape lui-même qui dénonce les influences pernicieuses qui s'exercent par le moyen de l'A. F. Il n'y a pas d'autre raison, quoi qu'on dise, de son intervention que le danger que fait courir aux âmes,

(1) Mgr Guillibert.

et particulièrement à la jeunesse, la fréquentation ordinaire des écrivains de cette *école*.

Danger pour la foi ; on l'a vu dans un précédent chapitre ; danger pour l'esprit de soumission : on le constate par le fait d'une révolte, à laquelle des « théologiens » ont accordé de surprenantes excuses (1) ; danger pour la délicatesse de conscience.

Les documents romains signalent à cet égard l'œuvre littéraire de M. Daudet et le « carnet des lettres » du journal. Il faudra ajouter à cette énumération un certain nombre d'initiatives caractéristiques, prises par les dirigeants du mouvement.

L'antichristianisme de M. Maurras

Le positivisme de M. Maurras est connu, ainsi que son antichristianisme déclaré. Son intimité avec son coreligionnaire en positivisme, au surplus anticlérical notoire, M. de Monzie, a quelque chose d'un peu troublant.

M. Dimier nous renseigne sur l'anticléricalisme personnel de M. Maurras (pp. 28-30). Voici son témoignage :

« Ainsi, c'est en haine du christianisme, en précaution contre les maux qu'il cause, qu'on défendait le catholicisme. Maurras joignait à cela les idées venues d'Allemagne sur l'hellénisme, école de la nature, dispensateur de volupté, antidote des renonce-

(1) La lettre de soumission d'un de ces « théologiens » a été récemment publiée. Son signataire qui fait, pour l'avenir et pour le présent, une promesse de loyalisme envers le Saint-Siège. On peut s'étonner qu'aucun regret ne soit exprimé relativement aux nombreuses et retentissantes « consultations » données dans le passé.

ments et des chimères chrétiennes. La prudence dans les mœurs, l'ordre dans la cité, étaient l'apanage de la Grèce ; la mutilation, le désordre, exprimés dans le christianisme, lui venaient d'une source plus profonde, essentiellement hostile au monde grec et romain et qui, dans cette espèce de manichéisme historique, représentait le mal éternel, c'est à savoir la nation juive, en qui s'incarnait la barbarie. L'inspiration des livres saints, la croyance au Dieu unique même, dressées contre tout ordre social, en étaient les traits détestés (1). »

M. L. Dimier a fait encore cette remarque que les monarchistes traditionnels, venus à l'A. F., n'acceptèrent pas sans résistance cette idée de violence. Ils y sont faits aujourd'hui, et cela prouve l'emprise de M. Maurras sur ses lecteurs, emprise tout à fait dommageable au point de vue religieux, étant donné le positiviste qu'il est et les croyants qu'ils sont.

Les romans de M. Daudet

Les romans de M. Daudet, quelle mère de famille, si attachée soit-elle aux idées politiques de leur auteur, oserait, les ayant lus, les mettre entre les mains de ses fils et de ses filles ? C'est en vain vraiment qu'une apologie, attribuée à un « étudiant », a été tentée. Que l'on consulte les mères chrétiennes dont l'avis a plus de poids.

De l'un de ses romans, récemment réédité, M. L. Daudet avertit ses lecteurs qu'il y a mis « le bouillonnement de sa vingt-septième année ». Un autre, dont l'héroïne s'apparente à la *Garçonne*, au point de lui ressembler comme une sœur cadette, a fait un gros scandale. Et ce ne sont pas les seuls.

(1) Vingt ans d'*Action française*, p. 29.

M. L. Daudet ne veut pas reconnaître le caractère licencieux de son œuvre. Il plaide non coupable. La lettre qu'il écrivait le 11 novembre 1922 au cardinal archevêque de Paris, non sans avoir longtemps tergiversé et sous la menace imminente, assurait-on à l'époque, d'une mise à l'Index, est un monument d'inconscience.

Il revient souvent sur « la fable de ses romans *prétendus immoraux* », et, comme le « complot policier » est, selon lui, la solution de toutes les difficultés, c'est par une manœuvre policière qu'il explique le soulèvement des consciences. Etrange complot qui réunirait à travers le monde les complicités les plus disparates. L'explication est plus simple et rien ne sert de l'embrouiller par un autre roman aux cent personnages divers, et dans lequel le sang d'un enfant fait une tache atroce.

La plupart des romans de M. L. Daudet sont, du point de vue de notre morale chrétienne, immoraux et dangereux. La « politique » n'a rien à voir ici : c'est une affaire de moralité, de propreté.

Les chroniques littéraires de l'*Action française*

Devant le grief qui est fait à son « carnet de lettres », l'*Action française* a tenté une diversion. Certains organes à clientèle catholique prennent, dans leur chronique littéraire, de plus grandes libertés avec leurs lecteurs, en leur offrant des comptes rendus fort osés. C'est vrai, et nous les en blâmons fort. Le journal l'*Action française* en est-il moins répréhensible pour cela ? Y en a-t-il beaucoup qui y apportent autant d'insistance et qui aillent, à cet égard, aussi loin que lui dans le choix des auteurs qu'il recommande ?

Par exemple, P. Souday juge ainsi l'œuvre de Maurice Proust :

« Proust ne renouvelle pas beaucoup plus ses effets que son personnel, ou du moins les traits nouveaux qu'il introduit sont souvent désobligeants et difficiles à définir en langage honnête... Tous les vices foisonnent et grouillent ici, sans aucun voile et avec une sorte de candeur. C'est là-dessus que je ne puis insister. » (*Le Temps*, 25 janvier 1926.)

Or, d'après l'A. F., Proust est un de ces maîtres qui s'imposent aux gens cultivés. Sa fréquentation est pourtant démoralisante pour les âmes chrétiennes autant que celle de Renan, A. France, Proudhon, Stendhal, pareillement inscrits au répertoire des « maîtres».

Mais voici un autre fait où la responsabilité du journal et de ses directeurs est en cause.

Un collaborateur très en vue de l'A. F. a entrepris de remettre Voltaire en honneur. M. J. Bainville ayant réédité les *Lettres* du grand pamphlétaire, le rédacteur de la chronique littéraire, Orion, a recommandé ce pamphlet, sans paraître se douter que sa réclame allait atteindre une clientèle en grande majorité catholique (1). On voudrait savoir comment cette clientèle a réagi dans la circonstance.

(1) « Comme le remarque Bainville, il y a peu d'années que les contes de Voltaire sont mis à leur rang. » Ainsi parle Orion. Il ne tiendra pas à lui que les lecteurs de l'A. F. n'aillent fréquenter chez Voltaire où M. Bainville les introduirait. (4 volumes de Contes et Dialogues). D'ailleurs, l'exemple du maître doit enlever l'assentiment des hésitants : « Bainville nous rapporte que Maurras relit *Candide* une fois l'an et pense quand il le ferme : « La voie est libre ». Voltaire est plus près de nous que jamais. » (*Action française*, 9 avril 1926)

Une vieille affaire : la campagne contre la Taupe

Le libéralisme de l'A. F. prend occasionnellement d'autres formes.

Un livre excellent, qui paraissait il y a quelques mois, *Une éducation chrétienne en pleine vie,* par M. le chanoine Dibildos (1) a remis à l'ordre du jour ce que M. Maurras appelait : « La question de la Taupe ».

Cette « question de la Taupe » est toujours posée. Ancien « Taupin » — ce sont les jeunes gens qui se préparent à Polytechnique qu'on désigne sous ce nom — M. Marc Sangnier avait dénoncé les turpitudes de cette association. M. Dibildos donne sur elle quelques détails qu'on peut écrire :

« A côté du président et des autres fonctionnaires que nous appellerons de l'ordre administratif, il en est un pour l'ordre moral : c'est le préfet des mœurs. Celui-ci, flanqué de quelques sous-agents dont je n'écrirai pas ici le titre officiel, veille à l'activité, à la vivacité et à la salacité des conversations. Et on y tient. C'est une chose vitale. « Il faut que ça marche. »

« Ils ont dans leurs statuts, dans leurs usages ou dans leurs chansons, des détails nettement condamnables pour la morale la plus vulgaire. Eh bien ! J'ai connu des jeunes gens catholiques, — mais effectivement catholiques — qui se sont arrangés pendant des années, je ne sais vraiment pas comment, pour admettre et concilier ces détails de leurs règlements et de leurs chansons avec leurs convictions religieuses qui les proscrivent. »

« ... Ce qui ne s'excuse pas, c'est l'esprit de libertinage et l'inutile obscénité des chansons et des pro-

(1) Bloud et Gay, 1926.

pos qui sont imposés dans ces groupes ; car ils sont imposés. »

D'autres associations de même genre organisant de la même manière la démoralisation des futures élites sociales, il faudra qu'on reprenne un jour cette question, et que les familles sachent le complot qui menace leurs fils.

Une campagne vigoureuse avait suivi les révélations de M. Marc Sangnier. L'A. F. la fit échouer. M. Maurras s'y employa, et son argumentation, insoucieuse de l'aspect *moral* du problème, tendit à sauvegarder une « tradition ». « La Taupe, proclamait-il, c'était une école « d'étroite solidarité, de discipline forte, de discipline traditionnelle. » La « tradition » l'emporta sur la morale. Dans une entrevue avec M. Marc Sangnier, le « Maître brillant » refusa de prendre connaissance du dossier. « C'était inutile, la question était autre. »

Ainsi, les mœurs abjectes de la *Taupe* furent défendues et sauvées ! par le docteur de l'A. F.

« Candide »

« Laissez faire, laissez passer » ; pour être appliqué par l'A. F., ce principe est-il moins préjudiciable à la morale ? On connaît *Candide* ; titre trompeur ou trop aguichant, selon les cas. M. l'abbé Bethléem a fait le procès de cet hebdomadaire. C'était faire en même temps le procès des « lanceurs », c'est-à-dire de l'A. F. (1).

Candide a vu se pencher sur son berceau le vi-

(1) Qu'on lise, en particulier, le journal l'*Action française* des 22 mai 1924, 14, 15, 18, 21 mars, 4, 5 avril 1925, et qu'on lise les précisions que donne M. l'abbé Bethléem dans la *Revue des Lectures*, du 15-7-26.

sage réjoui de M. L. Daudet. A plusieurs reprises, il lui consacre son Premier-Paris, laissant d'autres soucis pour souhaiter bonne chance à cet hebdomadaire qui, « sans être hypocrite ni faussement pudibond, sans être rédigé pour les petites filles, *peut être lu par tout le monde* ». Ce n'est pas notre avis.

L'*Echo de Paris*, le *Figaro* lui-même, y sont allés de leurs articles de publicité, et l'*Echo de Paris* y a fort insisté, beaucoup moins cependant que l'*Action française*. M. J. Bainville, l'éditeur des Contes et Dialogues de Voltaire, se cacherait souvent, au dire de M. Jean de Lardelec, sous le pseudonyme de *Candide*.

Est-ce à soutenir de pareilles œuvres que va l'argent des catholiques souscripteurs de l'A. F. ? Et quelle étrange conception de la morale ces collusions révèlent-elles chez les dirigeants spirituels de cette « école » ?

La Fronde antiromaine

Toutes les protestations de respect ne changeront rien à ce fait : depuis des mois, l'A. F. mène campagne contre le Souverain Pontife.

Cette campagne devait aboutir à la révolte ouverte. On était en droit de se demander naguère : « Quelle est cette mystification » ? Il faut poser aujourd'hui la question : « Où tendent ces machinations ? »

Le moindre grief de ces révoltés, c'est que le Pape s'est laissé suborner ; le plus grave, qu'il mène une politique antifrançaise, qu'il a fait usage de faux en promulgant un « soi-disant » décret de Pie X. Or, S. S. Pie XI suit, depuis des mois, le journal l'*Action française* ; il possède dans ses dossiers jusqu'aux tracts d'un « théologien » et d'un « religieux ». Il a lu soixante volumes, toute la production des « Maîtres » et de leurs principaux disciples. Il connaît son dossier !

S'il aime la France ! Plusieurs fois par jour, il prie pour elle. Il le déclarait à S. Em. le Cardinal Dubois, et, chaque semaine, Il célèbre, pour elle et pour la jeunesse catholique française en péril de la foi, le Saint Sacrifice de la messe.

Calomnier le Pape, accepter à la légère les calomnies contre le Pape ; est-ce le fait de bons chrétiens ?... (1).

Des enfants, des collégiens se permettent des impertinences et des grossièretés révélatrices de propos tenus dans les familles. Dans tel collège catholique, des « potaches » affectent de ne parler que de M. Ratti. C'est précisément le genre de courtoisie où excellait *La Lanterne* (2).

La rumeur infâme

Les violences sont plus brutales, plus odieuses, qui s'attaquent à S. Em. le Cardinal Cerretti, si odieuses même que ces basses œuvres ont été con-

---

(1) Un exemple entre cent autres des impertinences de l'A. F. envers le Saint-Siège.

M. L. Daudet juge la condamnation, une « mesure stupéfiante, d'une violence qu'on a rarement vue ». (A. F. 27 janvier 1927).

(2) Il n'y a pas jusqu'à des calomnies insolentes qui ne soient lancées par d'anciens « catholiques d'élite », qui en font endosser parfois gratuitement la responsabilité par des prélats. Le dernier des « raspots » mis en circulation par des affiliés, ne donne qu'une faible idée du dévergondage d'imagination des lanceurs. De jeunes catholiques français auraient sifflé le Pape au cours de l'audience qui leur fut accordée, lors du pèlerinage « aloysien ». L'invention, cette fois encore, dépasse la mesure.

fiées à des comparses : propagateurs de la rumeur infâme, publicistes antireligieux.

La nature des accusations qui pourraient conduire aux assises ses auteurs responsables, est telle que le respect de leurs lecteurs interdit aux journaux catholiques d'y faire même allusion. Il faut en parler ici, car la calomnie est un poison mortel.

Mais le système diffamatoire s'écroule quand on y regarde d'un peu près.

D'autres « victimes » de l'A. F. sont attaquées dans leur honneur sacerdotal, sur le chapitre de la moralité. On reconnaît là une psychose, un cas pathologique que les psychiâtres ont catalogué : c'est la tare particulière à certains romanciers.

Ici aussi, c'est un roman, et naturellement un roman « policier » : un de plus ! Mais, après ce que M. L. Daudet écrit chaque jour de la « moralité » de la police des mœurs, de la valeur des « témoignages » qu'elle invoque, des chantages qu'elle pratiquerait, nous sommes fixés. Il eût été plus habile de bâtir ce roman en dehors du plan « policier ». Quoi qu'il en soit, le mot final de cette affaire a été dit *publiquement* par le Cardinal Dubois, au cours du dernier Congrès diocésain. Après avoir rappelé des preuves de la piété de l'ancien Nonce et de son affection pour la France, parlant en connaissance de cause, — « un cardinal de Paris sait beaucoup de choses » — l'archevêque de Paris a prononcé ce mot cinglant : « *C'est ignoble* ». C'est le mot dont se servait, paraît-il, A. Comte pour exprimer ses grandes indignations. Il est seul de mise en cette circonstance.

L'*Action française*, il convient de le noter, a toujours prétendu que cette rumeur infâme était partie de l'entourage immédiat de M. Briand. Nous devons cependant maintenir que, dans tous les milieux d'*Action française*, cette abominable calomnie est répétée, précisée, propagée. Le *Charivari*, dont nul n'ignore les attaches avec l'*Action française*, y a fait, à maintes reprises, les plus claires et les plus formelles allusions. L'*Action française* elle-même a joué lourdement de l'équivoque, s'efforçant de laisser entendre ce qu'elle n'osait point affirmer publiquement, quitte à démentir hypocritement lorsqu'on soulignait d'un mot sa louche manœuvre.

Les polémiques de l'*Action française*

Un système de polémique. — La polémique est soumise, comme le reste, à la morale, et Pie XI précisait, dans sa lettre sur saint François de Sales, quelles limites elle ne doit pas dépasser.

Comment on les franchit à l'A. F. quand il s'agit des adversaires, c'est un chapitre sur lequel il n'y a pas lieu de s'étendre.

Quelques spécimens ont été recueillis dans une brochure qui a pour titre : *Le Bottin de la diffamation.*

En attendant de les chasser du pouvoir, l'A. F. ne ménage pas les injures aux hommes du gouvernement : MM. Poincaré, Briand, Ribot, Clemenceau, à qui, plus tard, on fit amende honorable, Millerand, etc...

Telle ou telle « victime » est remise fréquemment devant le souvenir peu reluisant assurément, de péchés de la jeunesse ou de l'âge mûr. Mais qui sont les « hermines » qui siègent au tribunal ; quelles « rosières » se portent partie civile dans ce procès ?

La valeur de polémiques parfois nécessaires ne gagne rien à ces invectives, à ces injures, et les grands défenseurs de l'autorité, les nationalistes « intégraux » de l'A. F., peuvent-ils ignorer que le principe de l'autorité souffre nécessairement du mépris systématique où l'on tient ses représentants, et que le prestige de la France est atteint par les outrages dont un organe français accable les chefs de son gouvernement ?

Vaine consolation au reste pour les catholiques que ces bravades et ces insolences, derrière lesquelles se dissimule mal une radicale impuissance.

L'esprit de confraternité chrétienne, pour autant qu'ils sont eux-mêmes catholiques, devrait inspirer une plus grande modération encore dans les discussions entre catholiques.

Des « grands » défenseurs de la foi, d'authentiques serviteurs de l'Eglise : Brunetière, Bazire, et, parmi les vivants MM. Piou, l'abbé Bremond, G. Goyau, Marc Sangnier, Bonnevay, Jenouvrier, de Lamarzelle, de Larègle, Joseph Denais, l'abbé Trochu, Ernest Pezet, E. Bidault, un jeune et valeureux militant de l'A. C. J. F., et bien d'autres n'ont pas été épargnés.

Ces hommes si divers qui représentent toutes les nuances d'opinion politique parmi les catholiques, dont les uns sont royalistes déclarés, les autres conservateurs, les autres républicains modérés, les autres démocrates, ont été tournés en dérision, vilipendés, traînés dans la boue, leurs noms sont matière à calembour : M. Denais devient « Pied-Denais » ; M. Georges Hoog « Katal Hoog », etc... Un d'eux, M. Marc Sangnier, a même été l'objet, le 31 mai 1923, d'une agression de la part des camelots du roi qui se sont rués, à raison d'une vingtaine contre lui, dans la rue, alors qu'il était seul avec un ami, et l'ont couvert de goudron.

Et tout cela pourquoi ?.. Parce que ces hommes

refusent d'accepter la dictature intellectuelle de l'A. F., parce que, honnêtement, loyalement, sans s'abaisser jamais à la moindre injure, ils ont osé la discuter, ou ne pas s'incliner devant ses verdicts...

— Jeux de camelots du roi stupides et mal élevés, dira-t-on peut-être à propos de certaines au moins de ces violences ; elles ne sauraient, en tout cas, engager la direction de l'A. F.

Pardon ! De ces violences de fait, les chefs de l'A. F. ont revendiqué ouvertement la responsabilité, au même titre que des injures et des calomnies qui s'impriment sous leur signature dans leur journal. Quand M. Marc Sangnier fut « goudronné », M. Maurras écrivait le 4 juin 1923 : « Nos petits engins ont fait merveille, eux aussi. Ils ont joué le rôle d'avertisseur. C'est moi qui les ai mis en danse. Je ne m'en accuse pas. Je m'en fais honneur. » A la Chambre des députés, où un débat eut lieu à propos de ces violences intolérables le 1er juin 1923, M. Daudet — qui était alors député — ne prononça pas une parole où put apparaître l'ombre d'un regret. Il eut sans cesse la menace à la bouche : « Je me moque absolument de vos menaces. » Et comme un député interrompt : « Quelles menaces ? » alors qu'en effet aucune n'est formulée et qu'il s'agit uniquement des violences des amis de M. Daudet, celui-ci conclut comme un garnement rageur qui tape du pied : « Alors, vous verrez ce qui vous arrivera. »

Deux « victimes » de choix

Henri Bazire a été longtemps, pour les lecteurs de l'*Action française*, l'homme qui a mis « sa conscience dans le tiroir ». Il a été pour l'A. C. J. F., un admirable animateur, un chef aimé, passionnément aimé et qui méritait cette affection fraternelle;

pour les catholiques, un espoir ; pour l'Eglise, un loyal serviteur, un grand et vaillant défenseur.

Un article de M. L. Daudet, du 24 mai 1912, avait créé la légende. Aussitôt, elle était devenue histoire. A l'origine de cette calomnie, une prétendue conversation autour d'une table amie, celle même d'Henri Bazire, qui y avait admis un ancien camarade de collège, M. P. Robain. On utilise volontiers les prétendus propos de table à l'A. F. ; hier encore, S. Em. le cardinal Charost en faisait l'expérience, et combien d'autres.

Dès que, truculent à son ordinaire, M. L. Daudet eut décoché son trait empoisonné — il comparait cette noble conscience à une « endive au jus » ; quelles comparaisons ne pourrait-on pas risquer pour lui répondre ? — M. J. Denais et les autres convives protestèrent contre l'assertion de M. Robain.

Rien n'y fit et quinze ans plus tard, malgré la guerre, l'héroïsme d'Henri Bazire, les nouveaux services rendus par lui à l'Eglise, malgré sa mort, on peut lire encore parfois dans les journaux alliés de l'A. F. le mensonge infâme : « la conscience dans le tiroir ».

Or, depuis 1910, dans la *Libre Parole*, l'ancien président de l'A. C. J. F., que ses discours avaient classé parmi les grands chrétiens, tenait très haut, parmi les tempêtes, le drapeau de la Croix. Il le porta dans les luttes électorales.

Candidat aux Sables-d'Olonne, en 1910, il n'était distancé que de 44 voix par un radical, M. Chailley-Bert. Revenant sur cette élection, le 16 août 1913, la *Vendée Républicaine*, organe des gauches, écrivait : « Quand M. Bazire se présenta *en avril* 1910, contre M. Chailley, il n'eut pas dans la coulisse d'adversaires plus déterminés que les tenants du parti conservateur sans compromissions (lisez : l'A. F.). Nous avons lu des lettres et tenu en mains des circulaires : l'ancien président de la *Jeunesse Catholique Française* était, dans ces écrits, durement malmené. »

C'était en 1910, avant la légende du « tiroir ». Dans la campagne de 1914, pour les besoins de laquelle elle avait été forgée, H. Bazire multiplia les professions de foi : « Oui, je suis catholique ; oui, je suis fier de l'être ; oui, je défendrai ma foi et celle de mes enfants, et personne ne m'en empêchera », déclarait-il en réunion publique à la Motte-Achard ; et, dans sa déclaration, il écrivait : « Catholique, vous disais-je il y a quatre ans, je veux la liberté... Assez de persécutions, assez de spoliations et de vols !... Un loyal accord est nécessaire entre l'Etat et l'Eglise... je ne laisserai pas diminuer encore la liberté d'enseignement. »

Henri Bazire était élu par 15 voix de majorité. Son élection fut contestée. La commission de recensement prononça selon les vœux ou les ordres de la préfecture. Un des deux conseillers qui appuyèrent le candidat de la Loge appartenait à l'A. F.

L'A. F. s'était vengée de celui qui avait écrit, en décembre 1913 : « L'indulgence de l'Eglise a une limite ; elle n'ira pas jusqu'à la complaisance doctrinale... Les théories naturalistes et matérialistes de M. Maurras, ses livres saturés de paganisme, son culte de l'amoralisme antique, ont inquiété à bon droit les catholiques. » Mgr du Botneau, archiprêtre des Sables-d'Olonne, donnait la conclusion de cette vilaine affaire : « Un catholique, éminent entre tous, enfant du pays, a été combattu par une ligue de catholiques qui *ont patronné ouvertement* le candidat des Loges et assuré son triomphe. Et cela, avec une entente et un acharnement qui révèlent un complot... »

Puis, ayant nommé l'A. F., l'archiprêtre continue : « Qu'est ce que l'A. F. ? C'est une école, une doctrine, ou plutôt une *formidable hérésie religieuse et sociale.* » (1).

Ceci était écrit en 1914.

M. G. Goyau est un des grands noms de cette époque. Il fait honneur à la France et à la science française, à travers le monde. Son talent et son autorité d'historien, son zèle d'apôtre ont toujours été, exclusivement, au service de la Vérité et de la Religion.

Un jour, à un tournant dangereux de notre vie politique, à la veille du 11 mai, M. G. Goyau a signé avec quelques autres, un avertissement aux catholiques français de réaliser l'unité de front. Notez que cet avertissement ne contrariait pas les plans électoraux de la seule *Action française,* puisque la *Jeune-République* se trouvait également desservie par la tactique que préconisaient, sous leur responsabilité, M. Goyau et ses amis. Or depuis ce jour, M. Goyau est, pour M. L. Daudet et pour les mille voix qui répercutent ses mots, bons ou mauvais, un personnage ridicule dont on se gausse, et à qui on adresse d'insolentes remontrances.

Ni par le talent, ni par le caractère, M. Goyau et M. L. Daudet ne sont sur le même plan, et n'outrage pas qui veut M. G. Goyau. M. Maurras n'a jamais commis cette erreur et cette faute de goût de s'y essayer ; l'échec personnel qu'il avait subi explique peut-être l'irritation de M. Daudet. Qui croira qu'elle l'excuse ?

---

(1) On a trouvé ce texte plus longuement cité dans un chapitre précédent.

On le croira d'autant moins qu'il y a eu récidive : d'abord à l'occasion du banquet offert à S. Exc. Mgr Maglione par les « Publicistes chrétiens ». En réponse à ces injures, le *Syndicat des journalistes français*, par la plume de son président, M. F. Veuillot, déclarait « se réjouir des chaleureux témoignages de sympathie dont la personne de l'éminent académicien avait été l'objet » à l'occasion du banquet.

Une troisième crise, présentant au reste les mêmes symptômes, et caractérisée par le même flux des mêmes expressions, éclata à l'occasion d'un article très modéré, très *chrétien* de M. G. Goyau dans le *Figaro* du 17 février. Le surlendemain, M. L. Daudet ayant pris le temps de la réflexion, y alla d'un article insultant.

Voici un échantillonnage des invectives du leader de l'A. F. : elles ne peuvent faire de tort qu'à lui-même : « Petit Tartufe Goyau... petit singe Georges Goyau... simagrées... mauvais coup... ridicule petit cardinal vert... geignard... pleurnichard... écœurant jusqu'à la nausée... perfidie et ténacité diabolique... petite barbasse grèle... soufflets et coups de pieds au derrière... petit singe académique... nain moral et physique... enfantelet vert... infectes manigances et reptations venimeuses... profiteur indirect des persécutions religieuses... plat pied en toute saison... tartufe type... hypocrisie... » Il y en a comme cela toute une colonne et demie en tête de l'*Action française* du 19 février 1927 : et, tant c'est bête, tant c'est pauvre d'imagination, cela ne réussit même pas à être méchant...

La dernière en date des marques de confiance et d'estime du Saint-Siège envers M. G. Goyau a été sa nomination à la *Chaire d'Histoire des Missions*, de l'Institut Catholique de Paris.

Ces deux exemples suffisent. Brunetière, MM. Piou, l'abbé Bremond, Marc Sangnier et bien d'autres n'ont pas été traités avec plus de justice, de charité chrétienne et de dignité de ton.

Le cas de M. G. Valois

D'anciens collaborateurs de l'A. F. qui, naguère, étaient présentés comme des lumières éblouissantes, comme des penseurs incomparables, sont tombés immédiatement au-dessous de rien le jour où, leurs yeux s'étant ouverts sur la fatuité des « maîtres » ou sur l'inanité de leurs efforts, ils ont relevé la tête et repris leur liberté. Ainsi les « théologiens » perdent-ils aussitôt tout droit à cette qualification dans les milieux d'A. F., du jour où ils ont fait acte de soumission à Rome. C'est la consigne : nul n'aura de l'esprit... que nous et nos amis.

M. Georges Valois, par exemple, qui est présenté à quelques mois d'intervalle comme un phare lumineux et comme un falot sinistre de naufrageur.

Le 12 octobre 1925, M. Charles Maurras lui fait ses adieux. C'est le dernier cri d'admiration, le dernier écho d'une louange qui a été en crescendo pendant vingt ans ; le dernier... en effet : l'amitié subsiste encore à cette heure, et l'admiration.

« Je n'ai pas la prétention, écrit M. Maurras, d'analyser la grande œuvre de spéculation et d'étude que Valois accomplit dans ces vingt années de sa collaboration à l'A. F. Les résultats en sont vivants, brillants et assez éloquents... Des admirables entreprises de paix telles que les *Semaines* et les *Etats Généraux* à ces pénétrantes et décisives analyses de la situation financière qui ont abouti à la *Ligue du Franc-Or* et aux ridicules poursuites de Caillaux, Valois, menant de front la pensée et l'action avec la même ardeur dévorante et le même bonheur, a rendu à la cause nationale et royale de tels services qu'il devient presque oiseux de les rappeler... Le désaccord (sur la méthode) ne peut faire oublier aucun détail du magnifique passé... Les circonstances changent. Mais il y a de l'immuable dans les hautes portions de l'esprit et du cœur. »

Ceci est écrit le 12 octobre ; un mois plus tard, que de choses inoubliables sont oubliées ; que, sous l'immutabilité des hautes portions de l'esprit et du cœur, il y a de changements dans les plus basses, celles où mugissent les passions politiques ! M. G. Valois est gratifié de plusieurs épithètes nouvelles. D'un florilège qui ne contient pas moins de soixante variétés, retenons, pour leur désaccord avec les admirations d'antan, les appellations suivantes : « orviétan grossier », « bourrique idéologue », « primaire déchaîné », etc... Comment en un plomb vil l'or pur s'était-il donc changé ?... La vérité est tout simplement que M. Valois, lui aussi, prétendait se soustraire à la dictature du maître.

M. Dimier a été traité avec plus de modération. Tout au plus l'a-t-on menacé d'un procès qui a dû se perdre dans la masse.

Non, la politique n'excuse pas ces illogismes et ces contradictions ; non, la politique ne permet pas cette fureur d'injurier et de salir des adversaires politiques, et la calomnie est toujours un péché.

Pourtant, c'est de ces contradictions, de ces injures, de ces calomnies, que se nourrissent les disciples, les simples lecteurs, les ligueurs et ligueuses d'A F. A les entendre parler, à les voir agir, — un trop grand nombre d'entre eux du moins — on se rend compte du dommage qu'a subi dans leur âme l'esprit de charité et de justice, l'esprit chrétien.

Un formulaire d'injures

Comme ils ont peut-être des maîtres à danser, les fidèles de l'A. F. ont des maîtres à « penser » (?) qui leur servent des jugements tout faits, et des maîtres à parler, qui leur fournissent des formules et des qualificatifs commodes pour discréditer les gens et les déshonorer sans effort.

Bientôt, l'A. F. sera le seul journal qui nommera ses adversaires par leur nom sans l'addition du « Monsieur » que l'*Humanité* elle-même ne refuse pas toujours aux siens. Des surhommes n'en ont que faire à l'égard des *infimes* que nous sommes.

Au moins pourrait-on souhaiter que les catholiques « d'élite » (ils en étaient avant le « non possumus » !) ne reçoivent pas chaque jour, de leurs maîtres, des leçons de mépris, des excitations à la haine assaisonnées de la lancinante litanie des injures et des grossièretés.

« Pardonnez les offenses ; aimez vos ennemis. » Ces préceptes évangéliques n'ont pas cours à la rédaction de l'A. F. On n'y est pas chrétien, encore qu'on y écrive pour des chrétiens.

Ecoutez parler ces pauvres jeunes gens, qui auraient pu faire de si grandes choses pour l'Eglise, pour la France et pour le peuple, si l'A. F. ne les avait pas annihilés dans des trépignements stériles.

M. Desgrées du Lou reproduit dans l'*Ouest-Eclair* du 13 juin 1923 une lettre reçue par lui et qui peut donner une idée du genre épistolaire spécial aux camelots :

« Nous avons lu ton ignoble article de vendredi dernier dans le malpropre et innommable torchon l'*Ouest-Eclair*. Les odieux mensonges, les basses calomnies, les ordures immondes que tu déverses, au long de deux colonnes, sur le grand Français, Léon Daudet, le meilleur et le plus pur des patriotes, n'atteignent pas, comme tu le désirerais, l'honneur de notre ami, mais stimulent activement à son profit la sympathie et l'affection de tous les gens de cœur.

« Tu viens de donner, une fois de plus, la preuve de la déshonorante infamie dans laquelle vous pouviez vous rouler, l'abbé Trop-Chu et toi !.. »

Ecoutez-les, écoutez ces hommes qui ne manquent pas d'intelligence, ces jeunes filles qui pourraient être la distinction même, comme le sont leurs mères. Leur vocabulaire sent le poisson ; pourtant il ne vient pas des Halles (1). Ils l'ont puisé dans les colonnes du journal qui prétend représenter la tradition française, mais qui oublie la tradition du bon ton et de la charité.

L'injure grossière, calomniatrice, est le condiment obligé des articles des rédacteurs du journal. Leurs adversaires sont tous plus ou moins « immondes », « venimeux », « ignobles », etc.. ; ce sont des « traîtres », des « fourbes », des « ordures », des « faussaires », des « cafards », des « menteurs »... qui inspirent à M. Maurras un « immense dégoût » ; un tel est un « mauvais prêtre », un « prêtre d'argent et d'affaires » ; un autre est un « chien ». « Je ne sais pas la figure de chien que peut être dans son privé cette canaille hypocrite », écrit M. L. Daudet. Contre cet autre encore, des insinuations de caractère nettement obscène se répètent jusqu'au

(1) Les lettres anonymes que plusieurs ont pris l'habitude d'écrire sentent plus mauvais encore.

jour où l'on signifie que c'en est assez, qu'on va se fâcher. L'odieuse calomnie se terre alors, mais elle a déjà empoisonné les âmes.

En d'autres temps, le représentant du « Prince » ne s'appelait plus que « le Bandit ».

M. Dimier qui rappelle ce souvenir ajoute : « Cette énormité de termes servait à dérober l'impuissance inscrite dans l'avenir, elle accusait de plus le défaut de bon sens. C'était un de ces cas où les nerfs en tumulte, ou le dessein d'en faire semblant, dictaient à ce rare esprit (M. Ch. Maurras), des sottises. »

On recueillerait sans effort, dans ce journal, pour « gens comme il faut », les éléments d'un répertoire ou d'un dictionnaire des injures.

« *Ex ore tuo te judico* ». Le cœur de ceux qui répètent les leçons des maîtres de l'A. F. est-il encore chrétien ?

Le terrorisme d'A. F.

L'intimidation, la menace, le chantage de la terreur, voilà certes des procédés de polémique incompatibles avec l'esprit chrétien. Aussi bien n'est-ce pas cet esprit qui anime les polémistes de la rue de Rome. A leur école, puisque c'est une école où les élèves sont d'une assiduité et d'une docilité stupéfiantes, des chrétiens ont plus ou moins perdu le sens délicat de la charité. Ils font écho aux menaces, ils accueillent avec une légèreté inconcevable les plus odieuses calomnies, et ce faisant ils donnent une apparence de consistance à des inventions extravagantes et misérables.

M. L. Daudet est un maître en ce genre, et la richesse de son vocabulaire, où les « jetons » se mêlent trop généreusement aux pièces de bon aloi, appuie d'un rire souvent gaulois, parfois épais, le trait qu'il décoche à l'adversaire.

Les victimes très honorées de l'A. F. lui ont servi de plastron, nous l'avons vu, et l'énumération eût été infinie, peut-être monotone, à cause des redites.

Ce chantage s'exerce aujourd'hui contre les ligueurs qui mettent la condamnation du Pape au-dessus des anathèmes de M. Maurras. Mais ce ne sont pas les Maîtres seulement qui donnent le ton ; on voit des « disciples » passés maîtres à leur tour dans le persiflage. Sont-ils encore chrétiens ?

Un exemple (1). M. B., ligueur d'A. F., de V., envoyait, le 30 janvier, au président de la section sa démission motivée : « Catholique d'abord, j'écoute ma conscience qui m'ordonne d'obéir... Surtout, après les derniers événements, je ne puis plus avoir confiance dans les deux chefs de l'A. F. que sont MM. Maurras et Daudet. L'un mène l'A. F. dans les sentiers tortueux du mensonge, de la médisance et de la calomnie ; l'autre dans les sentiers rocambolesques de ses romans policiers... C'est face à mon âme que je prends cette décision. »

A ce cri d'une âme, le président répond : « Votre lettre purement ridicule a fait, hier, la joie de la section assemblée après avoir fait la mienne. Votre président, au nom de tous, vous laisse face à face avec votre âme : ce doit être assez curieux ; en tout cas, rien n'est plus drôle que de songer qu'un B. juge un Maurras, un Daudet, un Vesins, un Boisfleury... »

Et ce président qui s'honore de la fidélité de ses ancêtres au « vrai Dieu » — puisse le sens des

(1) Voir les deux lettres dans la *Vie Catholique* du 12 février 1927.

traditions familiales le ressaisir — descend jusqu'à évoquer « notre patronne Sainte Jeanne d'Arc... brûlée par des prêtres ».

Une telle réponse à une telle lettre permet de mesurer les distances qui les séparent. Il y a entre elles tout l'Evangile.

Ceux qui pensent à suivre la voix de leur conscience savent désormais qu'une place les attend au pilori. Heureux si les « souscripteurs », inlassables Danaïdes d'un panier percé, ne viennent pas en passant leur jeter un peu de boue.

Houliganisme et Sainte-Velme

La terreur blanche a parfois les procédés de la Terreur rouge, et l'anarchie maurrassienne, qui donne congé à la conscience quand la politique est en jeu, ressemble parfois étrangement à l'anarchie léniniste. Le *houliganisme* sévit à Moscou ; va-t-il sévir en France ?

Pis encore, pareil au Juge masqué de la Sainte-Velme teutonique, M. Ch. Maurras va-t-il lancer des ordres d'assassinat ?

Nous condamnons la barbarie au nom de la conscience et de la morale chrétienne, comme au nom de l'ordre social, quand, fidèle à son idéal révolutionnaire, un criminel fait éclater une bombe, quand, docile à sa consigne, un exécuteur des hautes œuvres de la maçonnerie plante son poignard dans la gorge de Rossi. Ce sont là des mœurs païennes et sauvages; l'A. F. menace de les instaurer dans notre France « traditionnellement » chrétienne.

Qu'il se trouve des compagnies franches de « camelots » pour aller briser les presses d'un journal adverse, et d'autres pour aller « purger » des adversaires politiques, d'autres encore pour faire exploser des machines infernales capables de causer mort d'homme, comme récemment à Rennes ; que la matraque et le revolver soient les joujoux familiers d'une jeunesse égarée, et qui *était* chrétienne, tout cela constitue une preuve éclatante du désordre des esprits. Qu'il se trouve enfin des catholiques pour applaudir à la lettre de M. Schrameck, sur le rôle de qui nous faisons au reste d'expresses réserves, c'est inimaginable, car ces violences sont condamnées par la religion et la conscience ; elles ne sont pas françaises.

Mais, ici encore, il faut citer les textes. Voici donc en quels termes M. Maurras, dans une « lettre ouverte à M. Abraham Schrameck, ministre de l'Intérieur », s'exprimait le 9 juin 1925 :

«... Comme vous vous préparez à livrer un grand peuple au couteau et aux balles de vos complices, voici les réponses promises. *Nous répondons que nous vous tuerons comme un chien.* »

« ...Tout est prêt pour mettre à feu le pays et, ceux qui veulent résister, vous les désarmeriez ? C'est possible. Mais voici le certain. *Il restera une arme pour vous abattre, vous.*

« Pour qu'il n'y ait pas de malentendus anthume ou posthume, j'en donne ici l'ordre formel à ceux qui veulent bien accepter mon commandement. Jusqu'à l'attentat que vous préparez, j'ordonnais la patience et j'interdisais la riposte. *Cette fois, j'ordonne de riposter sur vous.* »

Et encore, pour qu'il n'y ait décidément aucune équivoque sur le sens de la pensée homicide de M. Maurras que ne sauraient excuser et, encore moins, justifier, les considérants non fondés dont il l'accompagne :

« Le coup mortel que vous mériterait l'attentat que vous méditez serait infiniment plus simple. *Il n'y faut qu'un homme de cœur et nous en avons des milliers... Il suffira de lever la herse : monsieur Abraham Schrameck, vous y passerez... C'est sans haine comme sans crainte que je donnerai l'ordre de verser votre sang de chien* s'il vous arrive d'abuser de la force publique pour ouvrir les écluses du sang français sous les balles et les poignards de *vos chers bandits de Moscou*, etc. ».

Cette provocation au meurtre qui, parce qu'elle était formulée au conditionnel, — à un conditionnel, notons-le, qui pouvait pourtant laisser la porte immédiatement ouverte au meurtre — fut excusée par quelques bons esprits littéralement envoûtés par M. Maurras. Aussi bien fallut-il que, dans la *Semaine religieuse de Paris* du 11 juillet 1925, un théologien vînt apporter de nettes et opportunes précisions « sur le droit de légitime défense et le tyrannicide ».

D'abord, rappel de ce « principe primordial » :

« Seuls ceux qui sont revêtus de la puissance publique ont le droit de prononcer la peine de mort contre un malfaiteur. Les particuliers n'ont pas ce droit. On ne se fait pas justice soi-même. C'est la loi de tous les civilisés ; nous pourrions dire, de tous les peuples.

« On en voit la raison d'intérêt social. Si chacun veut être juge de son voisin, si surtout chacun prétend décider du châtiment suprême et infliger la peine de mort, il n'y a plus de sécurité pour personne, plus de société qui puisse tenir.

« La philosophie chrétienne nous donne une autre raison, plus profonde que celle de l'intérêt social. « Le malfaiteur, dit saint Thomas, n'est pas, selon

« la nature, différent de l'honnête homme ; c'est « pourquoi il faut un jugement public (*indiget ju-* « *dicio publico*) pour discerner s'il doit être mis « à mort pour le bien commun. » Pensée remarquable qui fonde une politique autant qu'elle émane d'une philosophie. Le grand docteur regarde premièrement la nature humaine, créée intelligente et libre, ce qui fait que l'homme, avec des devoirs, a aussi des droits. Il veut qu'on respecte la nature humaine jusque dans le malfaiteur. Il veut qu'il y ait une justice même à l'égard de celui qui a violé la justice : *Indiget judicio publico.* Et ces mots impliquent deux choses : que l'homme ne doit pas être mis à mort sans un jugement : que ce jugement ne saurait appartenir qu'aux pouvoirs publics, *principibus et judicibus tantum.* »

Objection : le droit de légitime défense existe bien pourtant ? Certes, mais l'exercice en est subordonné à certaines questions :

« 1° Qu'il y ait agression. Celui qui nous insulte, qui nous calomnie, celui qui nous menace (quand la menace est encore éloignée du fait) ne sont pas, à proprement parler, des agressions. Le magistrat qui rend contre nous une sentence injuste n'est pas non plus un agresseur. Nous n'avons pas le droit de le tuer ;

« 2° Que l'agression soit injuste. Les représentants de la force publique, agents de police, gendarmes ou soldats, qui viennent à nous pour accomplir un mandat régulièrement donné, ne sont pas censés d'injustes agresseurs. Nous n'avons pas le droit de les tuer ;

« 3° Que l'agression soit présente ou actuelle. « On commet un meurtre, dit le cardinal Gousset, quand on tue un homme avant ou après le temps de l'agression » ;

« 4° Que la défense se maintienne, autant que possible, dans les limites d'une juste modération. On ne doit infliger que le mal nécessaire. Si l'on pouvait échapper au danger en fuyant l'agresseur, en l'arrêtant ou en le blessant, on n'aurait pas le droit de le tuer ;

« 5° Enfin, que l'intention soit de donner la mort, non pas pour elle-même, mais comme un moyen pour la juste défense ; car la mort pour elle-même, on n'aurait pas le droit de l'infliger ; elle serait d'une intention désordonnée. »

Autre objection tirée de l'abus de pouvoir commis par un homme public pour violer les droits individuels les plus essentiels ou compromettre l'existence de la nation.

Le rédacteur de la *Semaine religieuse* remarque que « beaucoup de théologiens ont refusé aux particuliers le droit de tyrannicide ». L'école thomiste, elle, accorde le principe, mais, ici encore, à certaines conditions :

« 1° Que le tyran n'ait aucun droit aux fonctions qu'il occupe ;

« 2° qu'il soit véritablement l'auteur du mal qu'on lui attribue ;

« 3° qu'il n'y ait personne, au-dessus de lui, à qui on puisse avoir recours ;

« 4° que sa mort soit le vrai remède au mal dont souffre la nation, et que, lui disparu, on puisse espérer sérieusement que les choses iront beaucoup mieux.

« Il est rare qu'il en soit ainsi, ajoutent les théologiens. Ces procédés d'extrême violence, loin de rétablir la tranquillité publique, sont souvent (l'histoire en témoigne) le point de départ et la cause de troubles beaucoup plus graves. »

La cause était jugée, car, en vérité, M. Maurras pouvait-il soutenir que ses amis et lui fussent dans l'un des cas prévus par les théologiens ?...

Devant le tribunal qui le condamna, M. Maurras essaya de sortir d'un mauvais pas en soutenant que sa provocation au meurtre avait été salutaire à la société et jusqu'à M. Schrameck, en le faisant « rentrer en lui-même », en « épargnant le crime à sa conscience, la sanction à sa personne, la flétrissure de l'histoire à son nom. » (*Action française* du 23 octobre 1926).

Il reste que si quelque tête chaude, sous l'influence de cette excitation, estimant que le « crime » était consommé, avait décidé l'acte, le ministre pouvait tomber sous la balle d'un assassin...

De quelques commentaires qu'on l'eût couvert, ce crime eût été un crime, — un crime odieux et condamnable comme ceux dont furent victimes un Marius Plateau ou un Marcel Berger... Mais quelles eussent été les conséquences du crime ?... Y a-t-on songé ?... A-t-on songé, en particulier, aux représailles possibles, probables ?... N'est-il pas à craindre que les catholiques, une fois de plus, eussent payé les frais de l'aventure criminelle et sanglante ?...

Mais M. Maurras s'est institué gardien suprême de l'ordre social, en même temps que souverain juge... C'est à lui que nous devons, paraît-il, de ne pas être déjà assassinés ou, pour le moins, réduits à l'esclavage communiste... Et si — comme on le lira plus loin — un habitant de Saint-Etienne a pu, il y a quelques mois, trouver la mort au cours d'une émeute, c'est uniquement parce que la Révolution avait repris courage en voyant l'*Action française* condamnée par le Pape (1).

Tout à l'heure, nous pourrons légitimement nous indigner. Maintenant, il faut sourire.

L'A. F. et les œuvres catholiques

Logiquement, l'A. F. qui s'oppose si violemment à l'esprit chrétien devait en venir à combattre l'action catholique. Dieu merci, nombreux sont les catholiques monarchistes qui gardent encore la nécessaire indépendance de vivre leur foi, mais du jour où ils se sont laissé aller à la révolte, jusqu'où pousseront-ils ?

Plusieurs consultants de l'enquête belge ont souligné ce fait que « Ce n'est pas la lecture des écrits de Maurras et de l'*Action française*, qui formera ce bataillon d'apôtres laïques dont nous avons un pressant besoin. Ce n'est pas là qu'ils peuvent apprendre à se dévouer à l'action catholique, telle que la conçoivent le Pape et les Evêques... »

« Les gens farcis des idées de l'A. F., non seulement énervent notre action sociale, mais encore sont toujours une nuisance pour le développement de l'idée catholique dans les masses ouvrières ; la seule forme d'activité des « maurrassiens » se borne à une critique stérile de nos idées et à un dénigrement systématique de nos œuvres, sans qu'ils puissent même essayer de mettre sur pied une œuvre de conquête des milieux ouvriers. La marque authentique et distinctive du chrétien n'est pas dans l'agitation et les grandes phrases, mais dans l'activité et la fécondité de la charité fraternelles. Extré-

(1) Se reporter au chapitre : « Leurs prétentions ».

misme des théories, néant de l'action sociale : ces fruits permettent-ils d'apprécier favorablement l'arbre sur lequel ils croissent ? »

Tout cela vaut et combien plus pour la France.

Dans les œuvres de jeunesse. — Une manœuvre séparatiste a été esquissée par l'A. F. dans un groupe d'A. C. J. F. de Paris. Le *Comité général* a refusé de reconnaître le groupe monarchiste dissident.

Combien de directeurs d'œuvres, d'aumôniers de l'A. C. J. F. ont fait, chez nous, la même constatation: un jeune homme enrôlé dans l'A. F. est un jeune homme perdu pour l'action catholique (1).

Il participera à quelque tumultueux cortège de Jeanne d'Arc, avec l'espoir de donner des coups, ou au risque d'en recevoir ; il ne fréquentera pas le Cercle d'études, peut-être même ne suivrait-il pas une procession du Saint-Sacrement.

La politique l'absorbe. Et il n'y a pas que des jeunes gens ; disons-le, il n'y a pas que des laïques à attendre, dans l'exaltation des idées et le néant de l'activité féconde, l'arrivée, imminente depuis vingt ans, du *deus ex machina* dont le machinisme n'arrive pas à déclencher les mystérieux ressorts.

M. l'abbé Tiberghien, qui a une grande expérience des milieux de jeunesse, surtout universitaire, a exposé dans un douloureux article du *Prêtre éducateur*, reproduit dans la *Vie Catholique*, les déformations que l'influence de l'A. F. fait subir aux jeunes catholiques. « Je le demande en toute sincé-

(1) Dans un article sur le congrès fédéral de l'A.C.J.F. de 1926 (A. F. du 11 avril), M. A. d'Y. avoue implicitement que les œuvres sociales ne sont pas le fait de ses jeunes amis, mais que cela ne prouve rien pour ou contre leur vie surnaturelle.

rité, écrit-il, l'affiliation à l'A. F. nous aide-t-elle à rapprocher les jeunes gens de cet idéal de la charité décrit par saint Paul ? »

A la suite du dernier congrès fédéral de l'A. C. J. F., à la clôture duquel M. F. de Menthon, son président, avait prononcé de magnifiques paroles de dévouement au Pape et de soumission à ses directives, le journal du parti lança cette injure aux survivants des 15.000 morts : « Les nouveaux sans-patrie. »

Les « camelots » sont mis moralement en demeure de choisir ; A. C. J. F. *ou* A. F. ; action politique *ou* action religieuse ; le Pape *ou* M. Maurras.

La F. N. C.

La *Fédération nationale catholique* est l'espoir des catholiques français. Quelle est, à son égard, la position de l'A. F. ?

On ne peut pas dire que la F. N. C. se soit montrée rigoureuse envers l'A. F. Sans doute, elle a refusé l'affiliation de la Ligue. Mais elle lui a donné plusieurs compensations : un membre très actif de l'A. F. a été admis dans le comité directeur, où il rencontrait plusieurs sympathisants ; les conférenciers de tendance monarchiste ont ordinairement joui de tours de faveur et le Bulletin « *Credo* » a inséré des articles fort « conciliants » du P. de La Brière, en glissant avec une infinie délicatesse sur ce grand débat qui agite les membres de ses « unions ».

Tant de mansuétude a été payée de retour.

Avant même la lettre du Cardinal Archevêque de Bordeaux, l'élection sénatoriale de Maine-et-Loire avait déchaîné la polémique. On se rappelle, ou, si on les avait oubliées, qu'on se remémore les attaques violentes qui, à travers son représentant, M. Pezet, visaient et atteignaient le général de Castelnau ; la reproduction dans le journal de l'A. F. d'un portrait insolent de l'Abner moderne, dessiné par un écrivain de la *Revue Universelle* ; la reproduction dans toute la presse affiliée, du très regrettable et très injuste article « Forfaiture ».

C'est à cette époque qu'appliquant à la F. N. C. ses procédés « policiers », l'A. F. se trouvait mise en possession d'un lettre personnelle dérobée dans un dossier au siège même de la Fédération.

Depuis l'ouverture du présent débat, la démission de membres de la *Ligue dauphinoise d'Action catholique* a fixé une méthode.

En se retirant des Unions diocésaines, les ligueurs d'A. F. pensent peut-être qu'elles vont s'effondrer. Ce sera peut-être au contraire l'occasion de voir surgir des valeurs nouvelles.

Aussi fut grande la surprise de quelques personnalités royalistes de la Mayenne. Comme il n'avait pas été tenu compte de leur opposition à la participation de M. Balanant au récent meeting de Laval, elles avaient cru de leur dignité de s'abstenir.

Abstention regrettable, évidemment, mais qui ne nuisit en rien au succès de la manifestation.

Des faits du même genre feront comprendre, souhaitons-le, aux catholiques sincères qui suivent encore d'un pas claudicant MM. Daudet et Maurras, que leur place est toujours dans les rangs de la grande organisation catholique, loyalement fidèle au Pape.

Les Syndicats chrétiens

La C. F. T. C. représente une grande force catholique. Dans la mesure où elle peut améliorer la situation sociale présente, et indirectement la situation politique, n'est-elle pas un obstacle pour l'A. F. ?

Le néo-monarchisme a complètement échoué auprès des travailleurs, M L. Dimier ne le dissimule pas (pp. 124-126). Les « Corporations » ne rallieront jamais de gros effectifs. En vain déclare-t-on que l'U. C. F. n'est pas une organisation politique, ce bloc enfariné n'inspire pas confiance.

C'est la C. F. T. C. qui est visée. M. Chaboche a précisé la tactique à suivre : « La propagande s'étendra d'abord aux producteurs isolés, puis par noyautage aux associations professionnelles » (*A. F.* 14-2-26). La tactique a été suivie ; quelques syndicats ont été noyautés, mais les agents des Corporations ont été expulsés aussitôt.

La même tactique du noyautage a été appliquée aux *Amicales*, où l'on a vu surgir, pour la présidence, des candidatures opposées à la C. F. T. C.

M. Maurras lui-même s'est chargé d'accuser l'opposition irréductible entre l'A. F. et les Syndicats chrétiens dans un article du 1er mai 1926 intitulé : « Eux et nous. »

Ainsi, que l'on constate l'éloignement des jeunes gens d'A. F., ou leur abstention à l'égard des grandes œuvres catholiques et les dissidences des membres de l'A. F. à l'égard des grandes organisations catholiques ; que l'on constate l'emprise de « maîtres » pour qui l'esprit chrétien est une tare intellectuelle, ou qui avouent ne rien comprendre aux rigoureuses exigences de la morale, et qui le prouvent par les faits ; que l'on constate que les pires procédés de violence systématique et même les voies de fait, ne soulèvent aucune réprobation, bien plus qu'ils sont admis par les adhérents de l'A. F. et qu'ils s'en font gloire ; toute cela montre assez le caractère pernicieux de l'influence de leurs chefs.

Elle n'a que trop bien réussi à tuer chez beaucoup

de catholiques l'esprit de l'Evangile, et devant ces résultats déplorables on comprend mieux l'opportunité et le sens de l'intervention paternelle du Souverain Pontife.

Les catholiques sincères, qu'ils soient ou non d'A. F., pourvu que la passion politique ne les empêche pas d'apprécier les faits, reconnaîtront qu'ils sont très graves. Ils se rallieront au jugement du P. de La Brière : « Si le Père commun des fidèles a cru devoir faire acte d'autorité, c'est pour accomplir l'œuvre sainte du règne de Dieu dans l'Eglise et dans les âmes. »

Leurs Prétentions

Servir ou profiter ?

Si l'on pouvait juger des mérites des hommes et des groupements d'après leurs prétentions, les mérites de l'*Action française* et de ses chefs ne seraient pas minces, car les prétentions ne sont rien moins que modestes.

L'*Action française* prétend à l'honneur d'être, en effet, le meilleur défenseur de l'Eglise, du patriotisme et de l'ordre social. Tout simplement.

Certains ont pu l'en croire sur paroles ; pour nous, ce sont les actes, d'abord, qui comptent. Ce sont donc les actes seuls que nous retiendrons et étudierons ici.

Or, les actes attestent qu'il y a loin, très loin, hélas ! des prétentions aux réalisations. A la vérité, même, l'histoire a rarement donné l'exemple d'une entreprise de « bluff » comparable à l'*Action française*, — pire encore : d'une exploitation aussi éhontée et cynique, au profit d'une politique de parti, des plus justes et des plus nobles causes.

Nul n'a, sans doute, plus facilement et plus fréquemment, confondu, dans les faits, les deux verbes « servir » et profiter », car, sous prétexte de « servir », combien de fois l'*Action française* ne s'est-elle pas montrée surtout préoccupée de « profiter » !

Aussi nombreuses sont les causes qu'elle a, au fond, compromises en prétendant les défendre ! Comme catholiques et comme Français, nous le regrettons amèrement.

Dans un récent numéro de l'*Europe nouvelle* (8 janvier 1927, p. 50), M. René Gillouin, dont les sympathies pour l'*Action française* sont indéniables, rappelait qu'il y a quelque vingt années, « au moment de passer de la théorie à l'action, de la petite revue grise au grand quotidien », c'est-à-dire en 1908, M. Maurras ne se décida pas « sans hésitation... à chercher des alliés dans les rangs des catholiques ». Avait-il « l'appréhension ou le pressentiment » de ce qui, fatalement, arriverait quelque jour, l'antinomie étant irréductible entre son paganisme foncier et la doctrine catholique ?... Son premier mouvement », paraît-il, « avait été de les demander (ses alliés) aux radicaux... » Mais il aurait « trouvé, en définitive, leur anticléricalisme trop bête ». Il se rabattit donc sur les milieux catholiques...

Catholiques, nous n'avons nullement lieu d'être fiers de ce choix, car c'est bien à propos de l'*Action française* que le catholicisme français peut répéter l'adage fameux : « Gardez-moi de tels amis ; mes ennemis, je m'en charge. »

I. - *Comment l'A. F. a servi la cause religieuse*

Pour Jeanne d'Arc, au cri de : « Vive le Roi ! »

Cette méthode d'exploitation des plus belles causes en faveur d'une politique de parti a été tout particulièrement mise en lumière par les événements qui, il y a environ vingt ans, se sont déroulés en France autour de la mémoire de Jeanne d'Arc.

Est-ce s'avancer trop que de l'affirmer ?... Ici, l'*Action française* paraît constamment plus soucieuse de faire du bruit autour de son nom, à temps et à contre-temps, d'organiser une tapageuse réclame au profit de sa propre cause que de défendre la cause de la sainte héroïne ?...

Un homme dont on ne suspectera pas le patriotisme scrupuleux et vigilant, M. Marcel Habert, le lieutenant fidèle de Paul Déroulède, dès les premiers troubles provoqués par l'*Action française* au Quartier Latin en 1908, — l'année du lancement du journal quotidien, — s'était immédiatement rendu compte du danger que pouvait faire courir toute cette agitation aux causes mêmes qui lui tenaient le plus à cœur ; aussi dans son journal la *Patrie*, au mois de mai 1908, dénonçait-il ce qu'il considérait comme une déviation funeste du nationalisme...

Le fameux Thalamas, dans les derniers mois de cette même année, fournit à l'*Action française*, par des propos où il voulait systématiquement méconnaître le caractère surnaturel de la mission de Jeanne d'Arc, le prétexte qu'elle cherchait pour entamer une bruyante campagne de défense en faveur de la Sainte de la Patrie. De cette campagne, tous les catholiques lui eussent été reconnaissants, si elle avait été tournée exclusivement vers la glorification de l'héroïne ; mais les moins clairvoyants même purent se convaincre bientôt qu'elle donnait raison aux appréhensions formulées, quelques mois auparavant, par M. Marcel Habert. N'est-ce pas au cri de : « Vive le Roi » que l'*Action française* manifestait, à la Sorbonne, contre le professeur Thalamas ?... N'était-ce pas identifier une cause religieuse à une conception politique.

Violences dangereuses

Dans le même temps, d'ailleurs, comme pour donner une signification encore plus nette à sa campagne, l'*Action française* multipliait les violences contre les personnages, officiels ou non, qui représentaient une politique opposée à la sienne, voire contre certaines statues édifiées sur nos places publiques.

Certes, les mémoires de Scheurer-Kestner, de Trarieux, de Waldeck-Rousseau, de Bernard Lazare, de Gambetta ne sont pas hors de discussion... Mais de si stériles violences ne risquaient-elles pas de provoquer les plus déplorables et injustes représailles ?... Le royaliste M. Louis Dimier, — qui, depuis cette époque, désabusé, a quitté l'*Action française*, considérant que celle-ci a failli à un trop grand nombre de ses promesses, — M. Louis Dimier convient lui-même, dans ses *Vingt ans d'Action française* (pp. 118, 119), que des « conservateurs » s'effrayaient de ces violences, sans profit aucun, mais grosses de risques. « On en fera autant à vos monuments, disaient-ils. — Qui cela ? — Le parti contraire. — C'est le gouvernement... J'attends le décret, concluait M. Dimier, qui, sous les yeux de dix mille personnes assemblées place des Pyramides, ira déboulonner Jeanne d'Arc. »

Douloureux défi !

Jeanne d'Arc, de l'aveu même de ses défenseurs trop intéressés et par la faute de leurs absurdes violences, pouvait donc apparaître, un jour, à des adversaires exaspérés, comme devant payer la rançon des coups infligés, par quelques jeunes exaltés sans mandat ni responsabilité, au marbre ou au bronze de statues plus ou moins insignifiantes.

Une si haute et sainte mémoire ainsi compromise dans une mesquine bagarre politicienne ! Ceux qui, dès cette époque, estimaient que Jeanne d'Arc, héroïque personnification de la France chrétienne, pouvait et devait faire, dans le pur rayonnement de sa gloire, l'union de tous les Français dignes de ce nom ; ceux qui évoquaient par avance le jour béni où Jeanne d'Arc, béatifiée déjà par l'Eglise, verrait consacrer officiellement, par l'institution d'une fête nationale en son honneur, le magnifique symbole d'union civique qu'elle incarne ; ceux-là souffraient de ces grossières fautes de goût qui équivalaient à de graves erreurs politiques.

Une entreprise de réclame

Mais, du point de vue particulier — trop particulier — de l'*Action française*, y avait-il bien erreur politique ?... Ou, plutôt, l'erreur n'était-elle pas délibérée, voulue ?... M. Léon Daudet raconte lui-même, dans son recueil de « souvenirs » *Vers le Roi* (pp. 208, 209), qu' « un soir de printemps de 1911, peu avant l'alerte d'Agadir », il fut témoin d'une manifestation des camelots du Roi défilant dans la rue de Rivoli en chantant :

« *C'est les camelots du Roi, ma mère*
« *...Ce sont des gens qui s' foutent des lois ;*
« *C'est les camelots du Roi.* »

Et c'est en scandant ce refrain « insolent et superbe », dit M. Daudet, que les camelots du Roi rendirent hommage à la statue de Jeanne d'Arc... Après cela, M. Daudet, qui a toutes les audaces, ose écrire qu' « on a du mal à se représenter l'incroyable effort que durent fournir Pujo et ses troupes royalistes, pour imposer au gouvernement de la République le culte de la Sainte de la Patrie. Il n'est pas douteux, ajoute-t-il, que la bonne Lorraine, à la veille de la guerre, *ait continué d'àgir par les camelots du Roi...* »

La vérité est, plus simplement, qu' « on a du mal à se représenter » que de si intempestives manifestations n'aient pas compromis à jamais l'institution de la Fête nationale de Jeanne d'Arc, la cause de l'héroïne étant représentée, par ces trop bruyants et, surtout, trop intéressés avocats, comme solidaire de la cause d'un parti.

Barbouillages ou mutilations de statues ; gifles administrées à un Briand ou à tels autres personnages officiels ; troubles à la Comédie-Française à l'occasion de la pièce d'un auteur juif avec lequel l'*Action française* s'est, d'ailleurs, ensuite réconciliée, bien qu'il soit resté exactement ce qu'il était ; tapage d'apparence politique en Sorbonne ou sur la place publique sous le prétexte d'honorer Jeanne d'Arc : il est attristant de constater que toutes ce manifestations, qui se produisirent à la même époque, n'étaient que les aspects divers d'une même entreprise de bluff outrancier et de réclame sans pudeur.

Des duels... pour la religion

Tout ce bruit n'allait pas sans soulever quelques résistances... « Lors des manifestations de la Comédie-Française, écrit M. Daudet (p. 212), j'eus l'occasion de me battre trois fois en duel. » M. Daudet ne va pas ici toutefois jusqu'à prétendre que « la bonne Lorraine » continuait d'agir par lui... Du moins éprouve-t-il un visible plaisir et « une certaine satisfaction » à conter ces « précieux souvenirs »... Car tout cela, explique-t-il un peu plus loin (p. 219), en commentant l'un de ses duels, c'est de l'action, « conséquence directe de la conviction politique et *religieuse* ».

Etrange conséquence d'une conviction religieuse que cette atteinte directe et scandaleuse à l'une des lois formelles de l'Eglise, et commise — comme pour aggraver encore le scandale — dans le temps même où, tapageusement, on prétend célébrer et imposer à tous le culte de Jeanne d'Arc.

Indigne exploitation

L' « union sacrée » de la guerre apaise, dans la douleur et le deuil, pour quelques années, ce tumulte... Et le plus beau fruit de cette « union sacrée », après les moissons sanglantes, sera — enfin — cette loi du 14 juillet 1920 dont l'article premier déclare : « Le République française célèbre annuellement la fête de Jeanne d'Arc, fête du patriotisme. » Quelques semaines auparavant, l'auguste basilique de Saint-Pierre de Rome avait vu se dérouler les splendeurs de la canonisation de la Vierge de Domrémy, en présence de l'ambassadeur extraordinaire de la République française, M. Gabriel Hanotaux.

Le but des vrais patriotes, des patriotes désintéressés, de ceux qui sont plus préoccupés de fortifier moralement la patrie que de nourrir les passions de leurs partisans, le but d'un Barrès, rapporteur de la proposition à la Chambre, dont l'éloquent et magnifique effort fut décisif pour le succès de la loi, semble atteint. Par un acte de la représentation nationale, Celle en qui l'Eglise vient de reconnaître solennellement une Elue du Ciel, sera offerte désormais, chaque année, à la vénération de tous les Français sans distinction ; plus que jamais, celle qui ne voulut appartenir qu'à son Dieu et à son pays se dressera au-dessus de toutes les factions et de tous les partis.

L'*Action française* va-t-elle donc renoncer, cette fois, à exploiter la mémoire de Jeanne pour des fins politiques ?... Non, car chaque année, depuis 1921, le retour de la fête de Jeanne d'Arc lui a fourni l'occasion d'organiser une manifestation proprement royaliste ; l'*Action française*, en effet, a toujours dédaigné de mêler simplement ses forces au grand courant de vie nationale qui, aux premiers jours du poétique mois de mai, poussait les foules reconnaissantes et recueillies vers les statues de Jeanne, ensevelies sous les fleurs.

Pourtant, le 13 mai 1923, l'idée d'un cortège unique triomphe. Mais alors les camelots du roi qui, dans le cortège, se sont groupés autour de M. Léon Daudet, crient sans cesse : « Vive Daudet ! » ne comprenant pas qu'en une telle circonstance ce cri est parfaitement déplacé ; plus exactement, ils s'en soucient fort peu.

L'année suivante, sous le ministère de M. Poincaré,

la fête de Jeanne d'Arc coïncidant avec les élections générales, les cortèges sont supprimés. Il en est malheureusement de même l'année suivante ; le prétexte de cette suppression est que la fête vient quelques jours seulement après l'odieux assassinat, par des communistes lâchement embusqués dans la rue Damrémont, de jeunes patriotes se rendant à une réunion publique (23 avril 1925), et que, dans la crainte de troubles, le ministère Painlevé a cru devoir maintenir l'interdiction de l'année précédente. Toutefois, comme ses prédécesseurs, le président du Conseil dépose officiellement, en 1925, une couronne à la statue de la place des Pyramides au nom du gouvernement.

Nous arrivons à la Fête de 1926, — si nous pouvons écrire ici le mot « fête », puisque cette journée du 9 mai devait être, hélas ! déshonorée par des bagarres dont certaines furent même sanglantes. Les intrigues ou les haines politiciennes devaient réussir six années après l'institution de la Fête officielle de Jeanne d'Arc, à transformer cette journée d'union nationale en une journée de division et de luttes.

A qui la faute ?... Il n'est pas contestable qu'en 1926 le gouvernement eut tort d'interdire le cortège national, mais nous devons ajouter que la responsabilité de l'*Action française* est, elle aussi, gravement engagée.

« Vive Jeanne d'Arc ! » ou « Vive le Roi ! »

Au matin même de la fête, M. Léon Daudet n'écrivait-il pas dans l'*Action française* (9 mai 1926) : « La République, c'est l'Antifrance. La République, c'est l'abaissement. Jeanne d'Arc, c'est la France.

Jeanne d'Arc, c'est la Sainte de la Patrie ? » On voit le parti pris d'opposer systématiquement la mémoire de Jeanne d'Arc au gouvernement établi du pays, pour la mieux confisquer au profit d'un parti.

Par là, l'*Action française* apportait une apparence de justification à la circulaire adressée par le ministre de l'Intérieur aux préfets : « Toute tentative de l'exploiter (la Fête) dans un but politique constitue une offense au sentiment national que le gouvernement ne saurait tolérer. Aussi conviendra-t-il de prendre les mesures nécessaires pour qu'en aucun cas cette Fête ne soit, pour certains partis ou certains groupements, un prétexte à des manifestations de propagande politique. »

Le cortège étant interdit, il fut entendu que les délégations des divers groupements devraient aller déposer séparément leurs couronnes aux statues de Jeanne d'Arc. De 9 heures à 11 heures et demie du matin, successivement les *Scouts de France* conduits par le R. P. Doncœur, les élèves des Lycées et Collèges, les enfants des Patronages, les membres de l'*Association catholique de la jeunesse française*, la *Jeune-République*, le *Faisceau* défilent sans incidents graves... On peut seulement déplorer quelques heurts avec la police.

Mais quand arrive l'*Action française*, qui a voulu, malgré l'interdiction gouvernementale, organiser un cortège, c'est aussitôt la bagarre. Ses manifestants ne prennent, d'ailleurs, pas garde, cette fois encore, de dissimuler les sentiments qui les animent. Ils chantent à tue-tête :

« *Et vive le Roy,*
« *A bas la République !*
« *Et vive le Roy,*
« *La Gueuse, on la pendra !* »

Mais reportons-nous au compte rendu donné par *l'Action française* elle-même et ouvrons son *Almanach pour* 1927 (p. 205). Ainsi elle ne pourra nous accuser de travestir les faits à son détriment.

D'abord une affirmation : la République, étant le « règne de l'Etranger », ne peut honorer Jeanne d'Arc que « de mauvaise grâce » et souffre de cette Fête « comme d'un affront sanglant ». Autant dire que, selon l'*Action française*, tous les républicains, serviteurs du régime de « l'Etranger », doivent, logiquement, se considérer comme exclus du culte de l'héroïne. Etonnez-vous, après cela, qu'un camelot du roi ait « arraché, de la couronne du ministre de l'Intérieur, un hommage que (d'après l'*Almanach*, p. 212), ses ordres infâmes transformaient en injure ». Et voilà comment ce camelot pratiquait l'union sacrée autour de la mémoire de Jeanne d'Arc, en ce jour de fête nationale.

Une fois de plus, l'*Action française* avait cherché là un succès de publicité, et non la gloire de l'héroïne. On conçoit donc que cette journée, si pénible pour tous les patriotes désintéressés, soit célébrée par son *Almanach* (p. 212), comme une victoire. Qu'on en juge d'après cette simple phrase où il convient, évidemment, de faire la part du « bluff » extraordinaire dont chacun se fait une loi dans la maison : « Le triomphe (?) devient complet avec l'arrivée de Daudet, de Maurras, des comités directeurs de l'*Action française* littéralement portés en triomphe (? ?) par la foule. Jeanne d'Arc est acclamée, et Daudet s'écrie : « Nous avons atteint notre but, vive la France ! vive Jeanne d'Arc ! dispersez-vous ! »

Hélas ! le bilan de cette « triomphale » journée se soldait par des bagarres, dont une sanglante, des arrestations, des insultes et des cris où le souvenir de Jeanne d'Arc était bien oublié et, en tout cas, bien méconnu. Mais la République avait été insultée, la couronne du ministre arrachée, MM. Daudet et Maurras acclamés par leurs camelots jouant « la foule », — à la manière de figurants sur un plateau de théâtre ; oui, M. Daudet avait raison : « le but » était atteint ; c'était un « triomphe ».

Cette campagne « pour » Jeanne d'Arc est le type même de la campagne d'*Action française* qui va directement contre le but soi-disant visé. Quand le rédacteur de l'*Almanach* ose écrire (p. 205) que « la République n'oublie pas que cette loi instituant la Fête nationale de Jeanne d'Arc lui a été imposée par la force, par l'énergie... des camelots du roi... », il se moque outrageusement de son public. C'est, en effet, *malgré* l'agitation purement politique créée par l'*Action française* autour de Jeanne d'Arc avant la guerre, et parce qu'au lendemain de la guerre cette néfaste et compromettante agitation n'a pas, par bonheur, été reprise immédiatement, que la Fête de Jeanne d'Arc a pu devenir, en vertu d'une loi, Fête nationale de la République française.

Hélas ! après avoir exploité politiquement la plus noble et la plus pure des mémoires, l'*Action française* devait lui réserver une suprême injure. Dans son dépit furieux d'avoir été frappée par la plus juste et la plus motivée des condamnations, elle en est arrivée à vouloir identifier sa mauvaise cause à celle de la Martyre et de la Sainte que l'Eglise a élevée sur ses autels.

Publiant, le 19 avril 1927, une lettre signée : « Un groupe d'artilleurs », elle écrivait : « *Jeanne d'Arc, elle aussi, fut condamnée par des gens d'Eglise.* » Elle ramassait ainsi, dans l'ornière d'un anticléricalisme désuet et grossier, l'argument empoisonné de ceux qui auraient voulu faire de la Fête de Jeanne d'Arc une manifestation contre l'Eglie.

Ce dernier trait juge l'*Action française* : il dissipera les dernières illusions dans l'esprit de ceux qui avaient cru, un instant, que le culte tapageur voué par l'*Action française* à la Sainte de la Patrie était vraiment désintéressé. La preuve est faite désormais qu'après avoir cherché dans ce culte un prétexte à une réclame politique qui heurtait les règles élémentaires de la prudence, du tact et du bon goût, l'*Action française* s'est efforcée d'y trouver une satisfaction à ses plus méprisables rancunes.

Le Vatican, la France et l'*Action Française*

Ce que nous disons de la Fête nationale de Jeanne d'Arc, nous pourrions le dire également de la reprise des relations avec le Vatican. C'est parce que l'*Action française* n'avait pas encore eu le temps de recommencer sa néfaste agitation quand, au lendemain de la guerre, la reprise fut réalisée, que celle-ci put avoir lieu dans une atmosphère non alourdie de passions politiciennes.

Loin d'avoir été, si peu que ce fût, l'ouvrière de cette reprise, comme elle le laisse entendre parfois, l'*Action française* ostensiblement ne s'y mêla pas, — ce dont il faut lui être reconnaissant, puisqu'elle évita ainsi de compromettre cette nouvelle cause après tant d'autres.

Ce fut donc le gouvernement qui prit l'initiative du projet, en invoquant officiellement, ouvertement, l'intérêt national bien compris. Pendant tout le débat, M. Daudet eut le bon esprit de ne pas intervenir ; il lança seulement quelques interruptions dont l'une, le 23 novembre 1920, faillit pourtant créer un incident fâcheux. Comme M. Daudet accusait la politique religieuse de la IIIe République d'avoir une origine allemande et bismarckienne, M. Edouard Herriot, à l'affût de toute déclaration qui pourrait faire rebondir le débat sur le terrain anticlérical, s'empara aussitôt de l'interruption pour déclarer que le débat « prenait ainsi tout son sens ».

Résumons-nous sur ce point :

L'agitation politique de l'*Action française* autour de Jeanne d'Arc avant la guerre était heureusement oubliée au lendemain de la guerre, — ce qui permit à Maurice Barrès, d'accord avec le gouvernement, et sans fournir le moindre prétexte au réveil de passions anticléricales simplement assoupies, hélas ! de faire décider par le Parlement la création de la Fête nationale de Jeanne d'Arc.

La non-intervention de l'*Action française* dans le débat relatif aux relations de la France avec le Saint-Siège, facilita singulièrement une opération dont le gouvernement lui-même avait pris l'initiative.

Mais que, dans l'un comme dans l'autre cas, l'*Action française* n'usurpe donc pas les rôles ; qu'elle ne tire pas avantage, pour sa publicité, de résultats obtenus *malgré elle* ou *sans elle !* C'est bien le moins, n'est-il pas vrai, qu'on puisse lui demander !

On le peut même d'autant plus que si la législation du Bloc national n'a pas, au point de vue religieux, produit tous les résultats que l'on eût été en droit d'en attendre, c'est, en partie, par la faute de M. Léon Daudet.

En effet, il aurait fallu, pour obtenir ces résultats, que le gouvernement fût formé par le Bloc national lui-même, au lieu d'être un ministère composé d'hommes de gauche gouvernant avec l'appui des catholiques du Bloc national. Or, M. Edouard Soulier, député de Paris, qui ne cache pas son admiration pour M. Daudet, reconnaît que c'est « le parti pris de Léon Daudet » qui « a empêché l'arrivée au pouvoir d'un ministère de Bloc national ». M. Daudet, explique M. Soulier, « influençait... cinquante à cent collègues ». Or, dans son obscur parti pris, il employa toujours cette influence à tenir en échec la candidature au gouvernement du « seul homme capable de rassembler et de maintenir sa majorité », M. André Tardieu.

Avec M. Tardieu, assure M. Soulier, c'était vraiment le Bloc national, avec ses hommes et tout son programme d'apaisement religieux, qui arrivait au pouvoir. Mais M. Daudet avait dit : non ! (1).

Comme dit M. Soulier, « cette fin de non-recevoir était d'importance ». Elle explique peut-être, hélas ! la stérilité relative de toute une législature au point de vue religieux. Mais que ce soit l'un des principaux responsables qui ose se faire si souvent accusateur, c'est trop d'inconscience ou de cynisme.

II. - Comment l'A. F. a servi la cause nationale

Une mystification : « La part du combattant »

Voici, dans un domaine tout différent, un autre exemple, non moins suggestif, de ces campagnes bruyantes et purement stériles, — quand elles ne sont pas nocives.

(1) *Les Cahiers de la République des Lettres*, janvier 1927, pp. 40 et 41.

10

Tout le monde était d'accord, pendant la guerre et au lendemain de la guerre, pour reconnaître que la France devrait, par quelques actes positifs, marquer sa reconnaissance à ceux qui avaient si longtemps souffert et bravé la mort pour elle, à ceux qui l'avaient sauvée, — aux combattants.

Les combattants ne demandaient pas des réalisations extraordinaires ; ils n'attendaient rien que de raisonnable, c'est-à-dire qu'on leur rendît la vie un peu plus douce et facile sur cette terre bénie qu'ils avaient reconquise pied à pied, en faisant reculer l'envahisseur.

Le moyen d'obtenir ce minimum raisonnable, c'était, pour tous les patriotes, de s'entendre sur quelques revendications simples, précises, sans grand éclat peut-être, mais tangibles.

L'*Action française*, fidèle à sa méthode outrancière, tapageuse, lança naturellement un nouveau bluff : « La part du combattant ». Idée infiniment séduisante, *a priori*. Aussi bien éveilla-t-elle beaucoup d'espoirs. Mais il y a longtemps déjà que ceux-ci sont enfouis sous l'amas des désillusions. « La part du combattant », c'était un beau rêve, — un beau rêve aujourd'hui évanoui en fumée.

« Il s'agissait, a écrit M. Louis Dimier, ancien administrateur-délégué de l'*Action française*, dans ses souvenirs (p. 311) de remettre au combattant, la guerre finie, une somme qui le dédommageât et lui servît de capital pour l'avenir ». D'une façon plus précise, d'après l'*Almanach* de 1918 (p. 82), on attribuerait, par exemple, aux combattants, en Alsace, les terres des « émigrés boches » et, « dans les provinces rhénanes, tous les domaines communaux, ainsi que de nombreux domaines personnels »... Et puis on « prendrait tout ce qu'il sera possible d'enlever aux Boches », — sauf leurs yeux pour pleurer, suivant la formule... Et puis on percevrait encore l'argent nécessaire sous forme de tribut imposé à l'ennemi.

Mots en l'air, fallacieuses promesses, — basse démagogie, en un mot.

En fait, qu'y eût-il ? Rien.

Ou plutôt, si, note M. Georges Valois, évadé du navire en détresse, comme M. Dimier, avant qu'il fît eau de toutes parts, il y eut « une campagne de presse, des articles, un petit livre, une maigre souscription. Pratiquement, l'échec ».

Il faut bien dire, il est vrai, que les gens sensés avaient tout de suite flairé le « bluff »... M. Dimier, qui pourtant approuvait vivement l'idée, reconnaît que, dans l'opinion, « l'accueil manqua de la chaleur qui fait que les idées marchent toutes seules ». Aussi fut-ce « le rapide échec... La part du combattant végéta, puis mourut ».

Un tel avortement eût invité tout autre que M. Maurras à la modestie. Mais M. Maurras ne vise qu'à produire un certain effet... Pour le démagogue, il s'agit moins de réussir que de donner l'impression que le succès est possible ; il s'agit moins de réaliser que de donner l'illusion que la promesse sera suivie d'action...

Dans ces conditions, M. Maurras continue à se rengorger quand il parle de la « part du combattant ». — « Nous y avons travaillé six ans », écrivait-il encore très sérieusement dans l'*Action française* le 10 mars 1927. Quel travail ? « Après d'innombrables articles, ajoutait-il,... nous y avons consacré des affiches, des feuilles volantes, des conférences de toutes sortes... » Ça, nous n'en doutons pas : sur ce terrain, M. Maurras est toujours très fort.

Malheureusement, ce gros travailleur — sur le papier — s'est heurté, nous dit-il, à « toutes les forces administratives de la République pendant la guerre » et « après la guerre » à « l'indifférence des gens de bien », au « scepticisme des chefs de partis », à « l'optimiste mollesse des patriotes endormis », etc... Ah ! si l'on avait écouté Maurras, si on l'avait suivi, si on avait lu ses articles, si on avait — simplement —réalisé ses pensées, on aurait vu ce que l'on aurait vu.

En attendant, on a vu qu'une fois de plus l'*Action française* avait cédé à la mesquine tentation du bluff et au désir démagogique de promettre la lune, détournant ainsi l'attention d'un certain nombre de braves gens, trop naïfs, de tâches moins brillantes, mais plus réalistes...

Très nombreux, heureusement, sont ces « gens de bien » et ces « patriotes endormis », raillés par M. Maurras, qui, pour avoir écrit moins d'articles et prodigué moins de promesses, ont, par leur activité sociale et charitable pendant la guerre, réalisé vraiment en ce qui les concerne, dans les faits et non seulement sur le papier, « la part du combattant ». Aux yeux du directeur de l'*Action française*, leur faute est de ne pas avoir pris ses chimères pour argent comptant. A nos yeux, leur mérite certain est d'avoir préféré aux rêves creux du rhéteur l'effort efficace et modeste du réalisateur.

Un prophète... de malheur

Si, à l'en croire, l'*Action française* seule a su imposer au gouvernement, terrorisé par les camelots du roi, l'institution de la Fête nationale de Jeanne d'Arc ; si l'*Action française* seule a découvert le moyen de payer aux combattants la dette contractée à leur égard par le pays, — c'est encore l'*Action française* seule qui a prévu la suite des événements relatifs à la guerre mondiale.

Il est vrai — pourquoi ne le reconnaîtrions-nous pas — que M. Maurras avait prévu la guerre. Mais il est non moins vrai qu'il n'avait pas prévu... la victoire, — erreur grave pour un prophète et un champion du « nationalisme intégral ».

Il avait prévu la guerre, mais, en vérité, était-il le seul, était-il même le plus clairvoyant ? Qu'on lise *Kiel et Tanger*, l'ouvrage tant vanté par les admirateurs du « maître » : on n'y trouvera pas un avertissement qui puisse même, quant à la précision, être comparé à ceux de MM. le comte Albert de Mun, Albert Malet ou André Mévil, pour citer, au hasard, quelques écrivains dont on peut dire que, vraiment, leurs écrits furent prophétiques.

L'heure décisive, écrivait, par exemple, M. de Mun dans sa fameuse série d'articles de l'*Echo de Paris*, « sera tout à coup précipitée par *un incident savamment préparé* ou par *une étincelle encore une fois partie de l'Orient* (et elle) sonnera, non à Bâle, mais *à Berlin* ». M. Albert Malet, mort au champ d'honneur, dans une conférence que publia la *Revue hebdomadaire*, était plus précis encore : « La paix ou la guerre ne sont pas aux mains de la France: *elles sont à Vienne. Si Vienne tente le coup de force contre la Serbie, ce sera inéluctablement la guerre.* » Quant à M. André Mévil, il prévoyait toute l'ampleur du conflit : « Quand l'Allemagne croira que l'heure a sonné — son heure — elle fera naître un incident quelconque, écrivait-il dans son ouvrage *La paix est malade* (mars 1914)... *Ce n'est pas sur le Rhin seul, comme on est un peu trop tenté de le croire ici, que se jouera le sort de l'Europe.* Il se jouera encore plus *en Pologne*. Il se jouera également *sur mer.* »

Ah ! si M. Maurras était l'auteur de telles phrases! Hélas ! celles-ci sont aujourd'hui oubliées et l'on ne songe pas assez à rendre, à leurs auteurs si clairvoyants, l'hommage qui leur est dû. Au contraire, tant la réclame a été savamment faite, *Kiel et Tanger* passe pour être le bréviaire du patriote averti...

Averti, — insuffisamment toutefois pour attendre la victoire et avoir confiance en elle. Tout l'ouvrage ne tend-il pas, au contraire, à démontrer que la France ne peut être victorieuse, étant donné les institutions qu'elle possède ? Non, à en croire M. Maurras, ni la valeur de ses chefs, ni la bravoure de ses soldats ne sont capables de racheter la faiblesse des institutions. Et comme un socialiste révolutionnaire, M. Marcel Sembat, en 1913, dans son livre : « Faites un roi, sinon faites la paix ! » paraît apporter un argument à sa thèse, M. Maurras s'en saisit avec empressement, bien que toute l'argumentation du disciple de Jaurès tende à préconiser, dès avant la guerre, c'est-à-dire quand l'Alsace-Lorraine était encore sous le joug allemand, une politique d'entente avec l'Allemagne, dont le résultat eût été de rendre définitive la captivité de nos chères provinces de l'est.

Ah ! certes, la thèse de M. Maurras n'était pas faite pour fortifier le « moral » de la nation, comme on disait, à la veille de l'agression de 1914, puisque, d'après lui, quoi qu'il arrivât, à cause de nos institutions politiques, c'était presque nécessairement la défaite.

« Il n'y a pas de bonne République démocratique », lit-on dans *Kiel et Tanger* (p. 30)... « Cette maxime, reconnue, comprise et obéie sauverait la France. Si les Français la méconnaissent, sa vérité n'en sera aucunement altérée, mais elle *entraînera la disparition de la France. Les républicains patriotes peuvent choisir : la République ou la patrie ?* » C'est ainsi que le sens patriotique peut être gravement obstrué par le parti pris politique. Voilà bien du défaitisme avant la lettre.

Pour avoir obéi à ce même parti pris, M. Maurras s'est aussi gravement trompé quant au rôle joué par la Russie. Comparant le régime des deux peuples alliés, il écrivait (p. 41) que « c'était le moins civilisé (la Russie) qui disposait de l'organisation politique la moins imparfaite »... Et encore : « La Russie *peut* avoir une politique... La démocratie française *ne le peut pas.* » Les événements ont prouvé que, pour imparfaite qu'elle soit (nous ne le contestons pas), l'armature politique française a résisté à l'épreuve de la guerre, tandis que l'armature politique russe a plié, — plié sous le poids du pire désordre et de la plus honteuse trahison, pour, finalement, casser...

M. Maurras contre M. Delcassé

Et c'est encore le même parti pris qui a conduit M. Maurras, dans *Kiel et Tanger,* à porter les jugements les plus injustes et les plus incohérents sur M. Delcassé, dont tout le monde s'accorde à reconnaître, aujourd'hui, que sa politique extérieure, remarquablement soutenue pendant sept années (1898-1905) nous a valu de constituer, en prenant pour point de départ l'alliance franco-russe, ce réseau d'ententes et d'amitiés européennes qui nous a sauvés dans le péril.

M. Maurras reproche à M. Delcassé une « faute incomparable » (p. 133) : avoir fait, d'accord avec l'Angleterre, une politique dont le résultat devait être « d'encercler l'empereur d'Allemagne », sans prévoir l'inévitable réaction de celui-ci. Qu'en sait donc l'auteur de *Kiel et Tanger* ? Pour témoigner qu'il avait prévu cette réaction, fallait-il que M. Delcassé l'annonçât sur la place publique : cette fois, oui, c'eût été une « faute incomparable ».

A vrai dire, il n'y a guère que les partisans d'une politique de paix à tout prix et de renoncement colonial absolu qui, avant la guerre, eussent pu reprocher à M. Delcassé ses efforts pour étendre notre empire territorial en même temps que nos amitiés européennes. Certes, ces efforts devaient fatalement aboutir à irriter l'Allemagne. Mais ce n'est pas M. Maurras qui, en bonne logique, pouvait s'en plaindre, puisqu'il ose même écrire (p. 11) : « Mieux eût valu, cent fois, profiter du fameux recueillement de 1871 pour nous organiser, guetter la première défaillance allemande *et prendre l'initiative d'une revanche à bon marché* ». Folle et criminelle imprudence, car il est établi aujourd'hui qu'une guerre de « revanche » déclarée dans ces conditions, n'eût rangé, même en 1911, lors de l'alerte d'Agadir, aucun allié à nos côtés. Voilà ce que disent les faits. Contre ce langage de la réalité, la passion politique de M. Maurras peut bien protester, mais la protestation est vaine.

La vérité est que M. Maurras, ici encore, ici comme ailleurs, a obéi à un parti pris politique, a pensé en partisan passionné au lieu de faire effort pour juger équitablement une période de l'histoire politique française en simple et fervent patriote, capable de s'élever au-dessus des intérêts de la polémique quotidienne.

« Son rôle dans l'affaire Dreyfus est d'un *criminel*, dit-il, par exemple (p. 137) de M. Delcassé. — Comme si la triste affaire Dreyfus ne devait pas rester en dehors d'un tel débat ? N'a-t-elle pas déjà fausse trop de problèmes dans notre pays ? Faut-il encore que, par la faute de la passion politique, elle vienne projeter son ombre néfaste sur la politique extérieure d'un grand ministre ?

Parce que M. Delcassé, après sa chute en 1905, défendit, avec des documents, sa politique attaquée, M. Maurras lui reproche, en outre, de « se jouer des plus grands secrets de la politique extérieure » et, conséquemment, l'accuse de « trahison » (p. 178). Quelle dérision !... Mais quand on veut tuer son chien...

Aussi bien, le mot de cette pénible énigme, le demanderons-nous à M. Maurras lui-même... Et il nous le donne quand il écrit (p. 140) que, « pendant les trois ou quatre dernières années de son sultanat, beaucoup (?) d'écrivains patriotes *réclamèrent la tête de M. Delcassé : que ne réclamaient-ils la destruction de la République ?* conclut M. Maurras. *Cela seul importait...* »

Et voilà pourquoi votre fille est muette ! Les paroles de M. Maurras que nous venons de rapporter expliquent et éclairent toute sa dialectique. C'est toujours, même quand il s'agit des intérêts les plus sacrés du pays, une passion politique qui parle en lui. Et c'est afin de la satisfaire qu'il s'efforce de déconsidérer systématiquement toutes les œuvres et tous les hommes qu'il rencontre sur son chemin...

Loin de faire hommage à certains ministres comme M. Delcassé d'une politique extérieure qui, confesse-t-il lui-même, était « digne de la monarchie », il les en blâme, sous prétexte que cette politique extérieure, étant faite sous un autre régime, par des Français qui ne sont pas de ses amis politiques, était « dépourvue des moyens de la monarchie ». Or, conclut-il, *« il n'est plus permis* d'être sage dans un régime sans sagesse, ni raisonnable et prévoyant dans un régime décapité, *ni même patriote dans un régime constitué contre la patrie* » (p. 189).

D'après un tel sophisme, seuls les antipatriotes seraient-ils donc logiques dans une république, et dignes de l'indulgence de M. Maurras ?... L'exemple et la vie d'hommes comme MM. de Mun, Jacques Piou, dont le pur patriotisme sut s'accommoder du régime actuel, ou comme Déroulède, Clemenceau, Poincaré, républicains dont on peut discuter les idées politiques, mais non le patriotisme, protestent contre ces billevesées.

On n'a jamais poussé plus loin, ni plus bas l'esprit de dénigrement systématique et passionné. On n'a jamais plus nettement aussi, atteint, par une sorte de choc en retour, les intérêts profonds d'un pays qui a le droit d'être servi sans arrière-pensées.

Grâce à Dieu toute cette rhétorique avilie par l'esprit de parti, n'a pas empêché la France d'être victorieuse en 1918, alors, hélas ! que la Russie, toute monarchique qu'elle fût, s'était abîmée, depuis près d'une année et demie, dans le chaos et l'anarchie.

Mais M. Maurras ne s'est pas embarrassé pour si peu de ce démenti si heureusement infligé à ses doctrines par les faits. De même, nous l'avons vu, que la Fête nationale de Jeanne d'Arc n'a pu, d'après l'*Action française*, être imposée à la France que par la violence des camelots du roi, de même la victoire de nos armes n'aurait été acquise que malgré nos institutions, par la grâce de l'*Action française*.

Une campagne de l'*Action Française* contre Clemenceau

D'abord, il est entendu, affirme M. Léon Daudet dans l'*Hécatombe* (p. 65), que « le gouvernement de la République porte en lui le ver allemand ».

M. Daudet estime trouver la preuve de cette affirmation dans les événements mêmes du début de la guerre, puisqu'il accuse le préfet de police Hennion d'avoir toujours servi les intérêts allemands. Or, c'est M. Clemenceau, toujours d'après M. Daudet, qui avait favorisé la carrière de « ce personnage singulier ».

Si le personnage était si « singulier », il faudrait conclure alors que la faveur clemenciste dont il bénéficia n'était pas moins « singulière ». Il est vrai qu'à cette époque M. Clemenceau, pas plus que son protégé, ne trouvait grâce devant l'*Action française*. L'homme d'Etat dont le patriotisme entêté et la froide résolution ont sauvé le pays — quelques réserves que l'on soit amené à faire sur la vie et la pensée de M. Clemenceau, c'est un fait devant lequel chacun s'incline — était beaucoup plus mal traité que M. Delcassé lui-même. De celui-ci, M. Daudet a écrit simplement, après tout, qu'il était « entêté comme un pou en bronze » et qu'il était « le gnome de Fachoda » (1). Mais que n'a-t-il pas dit de Clemenceau !

Jugez-en !

Pour M. Maurras, M. Clemenceau était, le 16 avril 1915, « l'un des plus grands responsables de nos malheurs présents », et, le 29 mai suivant, « l'*adversaire du pays*, comme il est l'ennemi de toute sagesse et de toute raison ».

Objectait-on à M. Maurras que, pour avoir commis des erreurs, parfois lourdes, M. Clemenceau n'en demeurait pas moins un patriote ? Il répliquait le 16 novembre 1915 : « Ne vous fiez pas à ses tirades militaristes ; *elles signifient désorganisation*

---

(1) *Libre Parole* des 22 septembre 1901 et 1er février 1903.

et désarmement. Ne croyez aucune de ses formules patriotiques, elles veulent dire, au bout de sa plume, *qu'une paix honteuse et désastreuse siège dans les réserves de sa pensée*. C'est de lui, ajoutait M. Maurras, qu'aurait dû être écrite la phrase : Il ment comme l'eau coule. »

La voilà bien la clairvoyance de M. Maurras : M. Clemenceau, l'artisan de la victoire française, accusé de nous préparer « dans les réserves de sa pensée... *une paix honteuse et désastreuse* » ! Ces injustices qui hurlent, ces aveuglements fous sont bien le fruit direct, toujours, du plus détestable esprit de parti.

— Mais, enfin, ces phrases, grotesques autant qu'injurieuses, sont datées de 1915. La guerre durant, M. Maurras aura pu, dira-t-on, reviser le jugement absurde qu'il portait sur M. Clemenceau, « mauvais Français » (15 décembre 1916).

Eh bien non ! à la veille même de l'accession du « Tigre » au pouvoir, M. Maurras conjurait le pays de faire l'économie d'une « expérience » dont « la patrie paierait les frais ». Voici, d'ailleurs, le développement : « Justement parce qu'il promet de pousser la guerre, *je crois qu'il la ralentirait*. Justement, parce qu'il jura surveillance aux espions et justice à la trahison, je crois que son ministère serait, sans qu'il le veuille, par le genre de légèreté débile qui lui est naturel... » La fin de la phrase, écrite en 1917, a été supprimée par la censure, mais comme ce que la censure a laissé passer était déjà plutôt... raide, on peut imaginer le ton de ce qui a été supprimé...

Cela n'empêchera pas, un peu plus tard, l'*Action française* de s'approprier le mérite de la lutte entreprise par le ministère Clemenceau contre l'espionmage ou de défaitisme ». — « C'est sur ce thème d'*Action française*, sur cette dénonciation en règle du *Bonnet Rouge*, écrit M. Daudet dans l'*Hécatombe* (p. 221)... que notre vieil adversaire, depuis les jours lointains du dreyfusisme, tant de fois secoué par Maurras et par moi, pose, en somme, sa candidature au gouvernement véritable du pays ». La candidature, en tout cas, comme on a pu le constater, ne fut guère appuyée par l'*Action française*...

Où M. Daudet se pare des plumes du paon

N'importe: Clemenceau est au pouvoir... Les gens du *Bonnet rouge* sont incarcérés. M. Malvy passe en Haute-Cour, M. Caillaux est arrêté à son tour... Fidèle à sa méthode de bluff, l'*Action française* revendique hautement tout l'avantage de la répression... Or, la vérité, comme l'a remarqué depuis M. Georges Valois, dans son ouvrage : *Contre le mensonge et la calomnie* (pp. XII et XIII), c'est que, « dans ces événements, la volonté des Alliés, et surtout de l'Angleterre, joue un rôle considérable » ; c'est qu' « à l'intérieur, les actes de Barrès, ceux de Clemenceau, d'Ignace et de Mandel, *ont été décisifs* ». Mais l'*Action française* s'en attribua « le grand prestige ».

La preuve ?... Examinez plutôt « la suite des événements », comme dit encore M. Georges Valois: « Clemenceau parti, l'équipe clemenciste hors du pouvoir, l'*Action française* réduite à ses moyens, tout le clan abattu pendant la guerre revient peu à peu. Et, en 1925, Joseph Caillaux revient au Ministère des Finances, — en 1926, Malvy au Ministère de l'Intérieur ». Ceux, par conséquent, que Clemenceau avait vaincus prirent leur revanche complète quand Clemenceau eut disparu de la scène. Pourtant l'*Action française*, elle, était toujours là ?... Certes, mais elle comptait pour peu de chose, sinon pour rien.

C'est Clemenceau qui avait tout fait, bien que la mouche du coche fût convaincue, comme dans la fable, que, sans elle, l'attelage ne serait pas arrivé au but.

Il ne faut pas oublier, au surplus, qu'en ce qui concerne M. Malvy, si le Sénat s'en était tenu aux accusations précises portées contre lui par M. Daudet — et qui furent reconnues fausses — l'ancien ministre de l'Intérieur eût été acquitté sans hésitation. M. Louis Dimier, fervent admirateur de la personne de M. Daudet, en convient, lorsqu'il constate dans ses « souvenirs » (p. 279), que « le but » eût pu être manqué « si, à l'accusation de trahison, ceux qui requéraient une sanction n'eussent substitué celle de forfaiture ».

Ici encore, donc, ce n'était pas l'effort personnel de M. Daudet qui aboutissait ; c'était celui, et celui-là seul, de M. Clemenceau : le jugement de la Haute-Cour, en effet, délaissant les accusations sans valeur de M. Daudet, reprenait les arguments apportés par M. Clemenceau dans ce discours fameux du 22 juillet 1917 où il avait déjà reproché à M. Malvy de « trahir les intérêts de la France », — formule que l'on retrouve, d'ailleurs, dans l'arrêt de la Haute-Cour.

Les « Chasses » de M. Daudet

Est-ce à dire que M. Léon Daudet ne puisse revendiquer sa part personnelle dans ce qu'il se plaît à appeler lui-même le « tableau de chasse » de l'espionnage ?... Incontestablement, il le peut. M. Daudet est l'auteur de l'*Avant-guerre*, et il ne souffre pas qu'on l'oublie. Nous ne l'oublions pas.

Malheureusement pour lui, il faut reconnaître que, si M. Daudet a bien découvert qu'il existait un espionnage allemand avant la guerre (ce dont beaucoup de gens, à la vérité, se doutaient un peu), il a moins exactement découvert les centres réels de cet espionnage. Il est resté peu de choses, à cet égard, de son livre l'*Avant-Guerre*, auquel une publicité aussi outrée qu'ingénieuse sut assurer un magnifique succès de librairie...

Soyons équitables : M. Léon Daudet a dénoncé les Laiteries Maggi. Hélas ! les Laiteries Maggi sont, aujourd'hui plus que jamais, installées en France, — ce qui, déjà, tendrait à prouver que les dénonciations de l'*Action française* n'étaient pas très sérieuses. Mais ce qui est plus grave, c'est que les tribunaux, saisis de la question, se sont prononcés. Il y a eu procès, et donc jugement. Que dit donc ce jugement, daté du 24 juillet 1920 ?...

Il dit que, certes, le déficit des Sociétés françaises Maggi a bien été couvert par la société suisse du même nom ; mais il ajoute aussitôt que « rien, cependant, n'autorise à prétendre qu'elles aient pu se soutenir avec l'apport de ressources inavouables... ou, en d'autres termes, avec des subsides fournis par l'étranger, en vue d'une propagande contraire aux intérêts français ».

Il dit aussi que « rien, dans les enquêtes, n'est venu confirmer les affirmations produites de ce chef (espionnage allemand) par Léon Daudet, dans les articles dont il est l'auteur ».

Il dit encore qu'il est « justifié que la plupart des directeurs et employés des sociétés demanderesses (Maggi) ont rempli largement leurs devoirs de Français pendant la guerre ».

Le jugement conclut enfin que « Léon Daudet a eu le tort grave d'affirmer... l'existence de faits qu'il n'était pas à même d'établir », et que « les accusations produites, d'une façon téméraire, par Léon Daudet, sont dénuées de preuve ».

Ce fut un ridicule effondrement.

Les Laiteries Maggi, défendues devant les tribunaux par M. Alexandre Millerand, ancien président de la République, — qui ne passe pas pour un « traître », — ont obtenu gain de cause ; il est donc fort à craindre que le seul résultat, pour l'Etat français, de la campagne inconsidérée de M. Léon Daudet, n'ait été le paiement d'importantes indemnités aux Laiteries Maggi, dont les boutiques furent, on s'en souvient, saccagées dans les premiers jours de la mobilisation... Une fois de plus, la méthode de « bluff » de l'*Action française* se retournait directement contre l'intérêt français.

Mais il est d'autres noms qui figurent au « Tableau de chasse » de M. Léon Daudet, — celui de M. Raoul Gunsbourg, directeur du théâtre de Monte-Carlo, par exemple. Or, M. Gunsbourg traduisit, lui aussi, son accusateur devant les tribunaux, et un jugement fut rendu, le 27 décembre 1917, où il était fait allusion à certaine offre d'un contrat de publicité émanant de M. Daudet et déclinée par M. Gunsbourg. Voici un extrait de ce jugement que nous nous dispenserons de commenter : « Attendu qu'en poursuivant sa campagne de presse, sans s'être entouré des garanties nécessaires, *Léon Daudet s'exposait au reproche de Gunsbourg d'avoir mené cette campagne à la suite de l'échec des pourparlers relatifs à une opération commerciale*... qu'il ne peut, en raison de tous ces motifs, arguer ni de sa bonne foi, ni de sa sincérité, et que l'intention de nuire est évidente... » (1).

(1) Chacune de ces affaires a donné lieu à d'innombrables procès qui n'ont pas toujours eu la même conclusion. Certains ont été très durs pour M. Daudet ; d'autres plus indulgents... Ceux-ci ne sauraient, en tout cas, atténuer la sévérité d'un considérant rédigé dans les termes que nous avons reproduits.

Mais tandis que M. Daudet, toujours vigilant, s'acharnait sur M. Raoul Gunsbourg, il ne trouvait que compliments et sourires pour « son excellent confrère Charles Humbert *qui avait si heureusement réussi à arracher le* Journal *aux convoitises allemandes* » (11 février 1916). Laissons ici de côté la personnalité de M. Charles Humbert qui, arrêté pendant la guerre sous l'inculpation que l'on sait, fut personnellement acquitté. Il reste que le *Journal* avait été si peu « régénéré », si peu « désemboché » (25-26 février 1916), si peu soustrait « à la prise allemande » (30 avril 1916) par « la très française et patriotique initiative de Charles Humbert » (15 février 1916) que deux de ses commanditaires, Bolo pacha et Lenoir, furent arrêtés, jugés, condamnés et fusillés pour trahison...

Encore une fois, M. Daudet avait vu remarquablement clair...

Nous n'insisterons pas... Qu'il nous suffise de constater que M. Daudet s'est montré aussi expert dans l'art de s'attribuer de superbes chasses que malhabile dans celui de dépister le bon gibier...

Tartarin de Tarascon — qui est de sa famille — était aussi beau parleur que lui. Mais, à Tarascon même, on a fini par savoir à quoi s'en tenir...

Or le grand titre de gloire de l'*Action française* pendant la guerre, ce qui, à l'entendre, doit lui mériter l'inaltérable reconnaissance de la patrie, c'est sa lutte contre l'espionnage. Hélas ! comme on vient de le voir, non seulement, de ses chasses, M. Daudet revint souvent « bredouille », non seulement, en envoyant de la poudre aux moineaux, il risqua de faire fuir un gibier que M. Clemenceau, chasseur plus adroit, tint au bout de son fusil, mais en ne parlant que de trahison et en ne dénonçant partout que des traîtres, en disant et en répétant sans cesse qu'un régime qui, par définition, était le « régime de l'étranger », serait incapable de vaincre, il n'a pas précisément contribué à soutenir le « moral » de ses lecteurs, il a, qu'il le veuille ou non, fait du « défaitisme » comme M. Jourdain faisait de la prose, — ce qui n'atténue pas sa responsabilité.

Que l'on compare le ton des articles d'un Daudet avec celui des articles d'un Albert de Mun aux heures les plus sombres de 1914 ! Ici, c'était bien la plus noble exaltation des courages, le plus émouvant et le plus persuasif appel à la confiance dans les destinées de la patrie ; là, au contraire, c'était le plus nocif des poisons qui, subrepticement, s'introduisait dans l'âme du lecteur, risquant de tuer en lui toute énergie, en lui laissant supposer que son effort, même héroïque, serait peut-être condamné à l'impuissance par la faute des institutions et des hommes.

La France vue de l'étranger à travers l'*Action Française*

La guerre s'achève... M. Daudet et l'*Action française* se considèrent plus que jamais comme chargés de la mission de défendre l'intérêt national trahi, selon elle, par tous les républicains : par M. Millerand le « Défenestré », et par M. Poincaré « le « Pleutre », non moins que par M. Briand « le Traître ».

Car c'est ainsi qu'ils comprennent leur mission : l'insulte est leur arme favorite, et avec quelle maëstria ils la manient contre tous les gouvernants français sans exception. A l'étranger, et même en Alsace-Lorraine, le mal qu'a fait ainsi l' *Action française* à notre pays, est à peine concevable. Nous avons connu, pendant la guerre, un éminent Espagnol chez qui la violence grossière et démesurée de ces polémiques avait tué toute sympathie pour la France. Comment eût-il pu apprécier une nation dont tous les gouvernants étaient ainsi représentés comme les derniers des chenapans ?...

Voici, sur ce point, le témoignage, attristé autant qu'attristant, d'un journaliste alsacien, M. Oscar de Ferenzy, rédacteur en chef de la *Voix d'Alsace* :

« Je suis à même de dire l'effet désastreux produit sur ceux qui la lisent en Alsace (l'A. F.), par les injures que Léon Daudet déverse journellement sur le régime et sur les hommes qui nous gouvernent, alors que certains de ces hommes d'Etat, comme Millerand et Poincaré, jouissaient en Alsace d'une réelle popularité. « Vous voyez bien, me disait un « jour un prêtre alsacien, que la France est un pays « pourri jusqu'à la moelle des os, puisqu'elle se « laisse diriger par une clique pareille. » Et mon interlocuteur de me dérouler toute la litanie des épithètes dont l'*Action française* gratifie les hommes qui représentent officiellement la France : traîtres, bandits, assassins, gibiers de bagne ou de potence.

« L'impassibilité du gouvernement en présence de ce débordement d'injures n'est d'ailleurs pas de nature non plus à rehausser le prestige du pays et du régime. Nos autonomistes, en signant le fameux manifeste du « Heimatbund », n'ont pas cru dépasser, je dirai même, n'ont pas dépassé les limites de ce que les pouvoirs publics laissent passer sans s'émouvoir dans les feuilles d'extrême gauche et d'extrême droite. Ces dernières bafouent et discréditent même les personnalités les plus hautement respectables, voire des catholiques éminents, dont le talent autant que la dignité de vie et les services rendus commandent le respect, mais qui ont le tort de ne pas être des admirateurs de la doctrine et des méthodes d'*Action française*. Comment le brave curé de village, qui n'est pas encore familiarisé avec nos mœurs politiques, ne se persuaderait-il pas qu'il n'y a plus rien de respectable dans notre pays et que c'est vraiment un malheur pour l'Alsace d'être redevenue française ? » (1)

Non seulement l'*Action française* a, peu à peu, par ses violences et ses calomnies, émoussé la confiance de la population alsacienne dans le régime politique français et ses dirigeants quels qu'ils fussent, — bien avant d'ailleurs que M. Herriot, avec son détestable et malencontreux bagage de menaces anticléricales, arrivât au pouvoir, — mais elle a fourni des armes au mouvement autonomiste, si périlleux pour l'unité nationale française.

Démagogique comme toujours, elle ne se contenta pas, en effet, de préconiser un sage, très acceptable et même fécond régionalisme, respectueux des libertés et des traditions de l'Alsace, mais elle n'hésita pas à recommander, en propres termes, le système fédéraliste. M. Léon Daudet, dans l'*Action française* du 14 avril 1927, n'expliquait-il pas que le « sentiment fédératif... que l'Allemagne a voulu exploiter et dévier en autonomisme, ce sentiment *si légitime* » ne trouverait satisfaction « que dans la restauration monarchique » ? M. l'abbé Haegy, dont même les catholiques alsaciens les plus fermement régionalistes ont déploré, lors du récent procès de Colmar, qu'il ait trop nettement incliné vers l'autonomie, était, dès lors, fondé à déclarer, comme le rappelait un témoin au même procès : « Je suis pour le fédéralisme avec l'*Action française* » (cf. *La Croix*, 12 avril 1927).

---

(1) *Les erreurs et lacunes d'une enquête sur la situation en Alsace*, pp. 7 et 8.

Comment on dessert la France

Mais le « nationalisme immodéré » (1) de l'*Action françaises* et ses folles outrances de langage vis-à-vis de l'étranger non moins que vis-à-vis des Français qui n'ont pas l'heur de lui plaire, sont également exploités, hors de nos frontières, par tous les adversaires du nom français.

Certes, un Léon Daudet n'exprime que les sentiments d'une infime minorité dans notre pays. Mais nos détracteurs étrangers l'ignorent ou feignent de l'ignorer, et, en tout cas, le laissent ignorer. Sous leur plume habile, les provocations à la haine de l'étranger d'un Daudet, apparaissent comme la manifestation, à peine exagérée, des sentiments du Français moyen. Quel aliment précieux pour des polémiques malveillantes qui tendent à représenter la France ramassée dans un parti pris de haine, animée d'une volonté mauvaise de militarisme et d'impérialisme ! M. Daudet n'aurait pas existé que ces adversaires passionnés de notre pays eussent souhaité qu'on l'inventât.

Il faut bien dire, d'ailleurs, que ces excitations nationalistes — dont l'*Action française*, plus que tout autre mouvement, porte la responsabilité — avaient obnubilé à un tel point, même chez certains catholiques, le sens chrétien, que des appels de pure et élémentaire charité, émanés du Père commun des fidèles, ne furent pas toujours entendus comme ils auraient dû l'être.

C'est ainsi que le pape Benoît XV, ayant ordonné, le 28 décembre 1919, dans le monde entier, des quêtes en faveur des enfants de l'Europe centrale qui

(1) Expression employée par le Pape Pie XI dans son encyclique *Ubi Arcano Dei*.

mouraient de faim et de froid — petites victimes bien innocentes, quelles que fussent les responsabilités des dirigeants de plusieurs des nations auxquelles ils appartenaient — d'inconvenantes et pénibles protestations furent adressées au Siège apostolique. Nous savons personnellement, pour en avoir reçu la confidence attristée du Souverain Pontife lui-même, combien ces protestations étonnèrent, stupéfièrent, émurent douloureusement le vénéré prédécesseur de Pie XI. Hé quoi ! même après la guerre, même en face d'une détresse et d'une misère aussi navrantes, même quand il s'agissait de secourir des petits enfants, la vindicte ne désarmait pas !

Il fallut qu'un de nos prélats les plus justement célèbres, un prince de l'Eglise qui fut l'honneur de la France, l'évêque d'Orléans et de Jeanne d'Arc, S. Em. le cardinal Touchet, élevât la voix pour venger l'honneur de notre pays, que ce nationalisme sans générosité ni grandeur, indigne de la tradition française, risquait de rabaisser. Ecoutez-le !... Sa noble lettre, vibrante d'une juste indignation, dont il demanda l'insertion à l'*Action française* et à quelques autres journaux parisiens, parut, le 16 janvier 1920, en première page de l'organe de MM. Maurras et Daudet. Elle témoigne que, dès 1920, contre le Saint-Siège, coupable de défendre les droits de l'esprit chrétien et de ne pas épouser de pitoyables haines, certains n'hésitaient pas à recourir à des procédés anonymes, obliques et injurieux ; nous ne songeons certes pas à en rendre responsable la seule *Action française*, mais comme les procédés que dénonçait le cardinal Touchet ressemblent bien aux siens ! Au reste, on verra plus loin de quels commentaires elle devait entourer cette publication.

« ...J'ai sous les yeux, écrit le Cardinal, le dossier d'une correspondance adressée au siège apostolique à l'occasion de la collecte pour les enfants de l'Europe centrale, menacés de périr de faim et de froid. Une partie des lettres est réfugiée sous le voile peu honorable de l'anonymat. Quelques-unes se prétendent sans plus l'écho de « catholiques pratiquants », ce qui est encore de l'anonymat. J'en trouve qui exhalent une forte odeur d'étranger : l'Autriche y est appelée Austria, et l'Allemagne Germania ; ce n'est pas de chez nous cela.

« Quoi qu'il en soit, ces pièces sont indignes, absolument indignes de ton, de fond, à l'égard de Sa Sainteté, à l'égard du clergé français.

« Si ce sont des Français, des catholiques qui, vraiment, ont tenu la plume, comment ont-ils osé tracer de pareilles lignes ? Où est leur respect ? où leur religion ? où leur sens commun ?

« D'après ces sages, « le cardinal Amette aurait dû... le cardinal Luçon aurait dû... les curés, les vicaires auraient dû... désobéir au Pape. Le patriotisme leur en faisait une obligation ».

« Ni cardinaux, ni évêques, ni curés n'avons de leçons de patriotisme à recevoir de qui que ce soit.

« D'ailleurs, l'Eglise n'est pas seulement « une grande école de respect », elle est une grande école d'obéissance. Lorsque le suprême Hiérarque a commandé, la hiérarchie ne peut hésiter.

« En cette discipline gît la force principale de l'Eglise : celle qui lui donna de traverser et de vaincre les siècles. Quiconque lui conseille de l'oublier n'a compris ni son histoire, ni sa constitution : il ne serait pas catholique, si sa légèreté ne l'excusait à demi.

« Quant à Sa Sainteté, elle n'aurait pas moins fait que se montrer ...allemande. Naturellement on n'écrit pas : *allemande.* Il faut que l'injure gratuite soit une injure grossière. Tout au plus le Pape aurait-il été « pardonnable d'intéresser les autres nations à la détresse qu'il patronnait : la France, non ».

« Ah ! la France, non ? Eh bien, il y aurait eu, je crois, beau tapage, si Benoît XV eût adopté ce parti. J'entends : Eh quoi ! nos amis d'Angleterre ont pris l'initiative de venir en aide à ces petits ! le Pape les appuie de son influence mondiale. Il appelle au secours les nations civilisées. Et il nous oublie ! Pense-t-il qu'associés des Anglais dans la victoire, nous ne pouvons l'être dans la pitié ? Quelle chose nous vaut cette défiance !... Ce n'est pas de la défiance, c'est de l'outrage. » Voilà ce qu'on eût clamé ; pas à tort.

« Au fond, il n'est pas une misère de guerre dont le Pape n'ait eu compassion. Il a eu compassion de nos grands blessés, et il a obtenu leur rapatriement ; de nos grands malades il a obtenu leur internement en Suisse, de nos orphelins et des orphelins belges, et il a envoyé quarante mille francs au cardinal Amette, dix mille à l'archevêque de Rennes, etc., des sommes considérables au cardinal Mercier et à ses collègues. Il s'est ému sur les pères et les mères sans nouvelles de leurs enfants, et il a contraint certaines écoles à s'ouvrir et à laisser filtrer par leurs portes entrebâillées un peu de lumière.

« Quelle est, aujourd'hui, cette prétention de restreindre une miséricorde applaudie quand elle venait large de notre côté ? Pourquoi Celui qui peut être à nous sans encourir de blâme, parce qu'il est le Père commun et universel, ne saurait-il sans encourir de blâme être à ces petits misérables, parce qu'il est le Père commun et universel ? Voyons, soixante pour cent d'enfants périssent là-bas, et on Lui reprocherait son cri de douleur !

« Dans une dépêche, qui vient de très haut lieu, je lis : Partout on répond avec élan à l'appel du Saint-Père, qui embrasse dans la même charité tous les enfants, sans distinction de nationalité, et dont le cœur compatissant s'est ému de toutes les souffrances de la guerre, et voudrait en atténuer sinon en guérir toutes les douloureuses conséquences. »

« Les vrais catholiques de France se réjouiront de ce mouvement apitoyé du monde : il n'est pas bon que l'humanité soit inhumaine.

« Sa Sainteté Benoît XV a vu son devoir de Pape et autre aussi urgent, son devoir d'homme. Elle a satisfait aux deux.

« L'Univers s'en félicite. Il serait étrange que la France méconnaissante de son génie de bonté, se tint boudeuse, à l'écart des autres peuples. Il serait inconcevable que, dans la France, les inconsidérement critiques fussent les disciples de Celui qui dit *Misereor super turbam*, et encore *Sinite parvulos.* »

Quelle magnifique leçon de charité, de respect de l'autorité et de la discipline, et, disons-le, de vrai patriotisme chrétien ! Mais déjà — on le voit — on osait prétendre qu'au nom d'un faux patriotisme les évêques auraient dû... désobéir au Pape ; que le Vatican faisait... le jeu de l'Allemagne en donnant du pain à des petits qui mouraient de faim... Oui, ce sont bien les mêmes arguments... Nous sommes, hélas ! en pays de connaissance.

L'*Action française* publia donc la lettre... Mais,

comme on peut s'en douter, sans enthousiasme et en l'accompagnant de réserves formelles. « L'opinion patriote répugne à envisager cette question-là », écrit-elle ; elle ajoute pourtant qu'on a « le devoir d'écouter là-dessus un évêque, membre d'un corps dont cinq années de guerre ont fait éclater devant tous le zèle et l'amour du pays ». Mais... mais... après avoir publié le document, et comme pour essayer d'annuler l'effet qu'il devait immanquablement produire dans toute âme demeurée chrétienne, l'*Action française* concluait sur cette question formulée en termes glacés : « Est-il vrai que les enfants pour lesquels on nous quête meurent de faim ? L'art mis par nos ennemis à tromper tant de fois autorise, là-dessus, toutes les méfiances. » *Est-il vrai ?*... C'est tout simplement la parole pontificale qui était ainsi mise en doute.

Mieux eût valu dire franchement que l'on croyait bien à la famine qui désolait alors l'Europe centrale, — fait patent, constaté par tous les enquêteurs, — mais que l'on n'avait nullement l'intention de la secourir, comme le demandait le Saint-Père. Nous allions écrire : au contraire. Eh bien ! oui, nous pouvons l'écrire, puisque, moins de quatre années plus tard, M. Léon Daudet, dans l'*Action française* du 10 octobre 1923, n'hésitait plus à applaudir à la famine allemande : « Le proverbe dit que, s'il n'y a plus de foin au râtelier, les chevaux se battent. Bientôt le foin va manquer pour de bon, et nous aurons, comme dit Bainville, cet agréable spectacle de la bataille des mâcheurs de paille. Plus ils s'entretueront, moins il en restera, et moins il en restera, moins il y aura de chances d'une guerre prochaine, d'une prochaine revanche » ?

Mais M. Daudet ne se contente pas de pousser ce cri de joie à la nouvelle qu'une guerre civile en Allemagne, provoquée par la famine, deviendrait possible. Il n'hésite pas à applaudir à l'assassinat des hommes qui, outre-Rhin, ont été supprimés par les pangermanistes, parce qu'ils faisaient preuve, vis-à-vis de la France, d'un certain esprit de conciliation : « Vous allez me trouver mauvais cœur, poursuit-il : *j'avais applaudi à la disparition de Mathias Erzberger (un de moins !) à celle de Rathenau (un autre de moins !*) J'applaudirai de même à celle de Ludendorff, de von Seeckt et *j'applaudis à la famine allemande.* »

On ne mettra pas en suspicion, pensons-nous, le patriotisme jaloux et vigilant de l' « Association catholique de la jeunesse belge ». Or, reproduisant ce texte, le 23 février 1924, l'*Effort*, organe de l'Association, déclarait : « Ou bien les mots ne veulent plus rien dire, ou bien les sentiments exprimés dans ces phrases sont absolument antichrétiens. Ce sont des exagérations nationalistes. »

Telle est la réaction indignée que provoquaient ces paroles haineuses dans un milieu catholique étranger extrêmement francophile. Jugez de ce qu'a pu être la réaction dans des pays et dans des milieux beaucoup moins disposés en notre faveur !

III. - Comment l'A. F. a servi la cause royale

« Par tous les moyens »

Nous avons montré que, dans sa passion politique, dans sa froide résolution de saper les institutions actuelles du pays sur tous les terrains et par tous les moyens, l'*Action française* avait souvent compromis les intérêts religieux et les intérêts français au lieu de les servir. On nous dira peut-être que les intentions étaient pures. Chez plusieurs de ses adhérents, tout au moins, nous n'en doutons pas. Mais ce n'est pas des intentions que nous discutons ici. Nous jugeons des faits, rien que des faits.

L'*Action française* s'est donc trompée par excès de passion politique. Tant il est vrai que la cause que l'on prétend servir est, souvent, la première victime de l'immorale devise, si l'on a la coupable faiblesse de la faire sienne : « Par tous les moyens ! »

Condamnée sur ce point précis, entre plusieurs autres, l'*Action française* a voulu en minimiser, en édulcorer la signification, jusqu'à la rendre absolument inoffensive. Mais M. Louis Dimier, en janvier 1924, c'est-à-dire bien avant qu'il fût publiquement question de la condamnation de l'*Action française*, — dans une page que l'on ne saurait donc soupçonner d'avoir été écrite pour justifier la condamnation portée contre ses anciens amis, — avait témoigné très nettement que, dans l'esprit de M. Maurras, la trop fameuse devise disait bien ce qu'elle disait. M. Maurras, raconte-t-il, « quand ses nerfs parlaient », se laissait aller à proférer : « *Nous ne reculerions pas devant l'assassinat.* Comme le rétablissement de l'empire était annoncé comme possible : *De ce jour, l'*Action française *se transforme en laboratoire d'explosifs.* Le parti de Déroulède menaçant de retarder le progrès de la restauration : *Il faudra nous entendre avec son médecin.* »

Comme l'on voit, pour M. Maurras, le « par tous les moyens » n'en excluait aucun, et n'épargnait aucun de ceux, — fussent-ils aussi patriotes que Déroulède, — qui pouvaient gêner les développements de l'*Action française*.

On a déjà du mal à concevoir l'abîme que, dans

une conscience d'homme, de telles paroles laissent soupçonner ; mais on conçoit encore plus mal que l'entourage de M. Maurras ne se soit pas immédiatement cabré en face d'un tel cynisme. Cette apathie coupable s'explique, si l'on n'oublie pas la mentalité antichrétienne qui régnait dans une partie au moins de cet entourage, parmi ceux qui jouissaient d'une influence prépondérante, habitant la maison depuis plus longtemps.

Les confidences de M. Dimier sur ce point sont extrêmement suggestives (p. 28) : « Une partie de nos amis, *les premiers arrivés,* n'étaient pas seulement incroyants, mais *impies.* Ils étaient hostiles au nom chrétien : *quelques-uns en avaient la haine.* Ils n'y détestaient pas seulement un tissu de fables, *ils en réprouvaient l'enseignement, la morale...* » Et pourtant, ces mêmes hommes osaient se poser en défenseurs de l'Eglise catholique. La vérité, hélas ! la voici, dit M. Dimier : à l'*Action française,* « c'est en haine du christianisme... qu'on défendait le catholicisme ». Quelle aberration, quelle injure sanglante faite au nom catholique !

Royalistes traditionnels et néo-royalistes

Aux vieux royalistes, aux royalistes traditionnels qui avaient toujours confondu dans le même amour leur Foi et leur Roi, ce paganisme et cet amoralisme fonciers répugnaient instinctivement, même quand ils n'en distinguaient pas encore clairement les déplorables effets. Ces hommes, qui mettaient une sorte d'élégance à ne pas user de tous les moyens, redoutaient, pour l'idéal monarchique lui-même, le zèle tumultueux et désordonné de ces néo-royalistes sans foi religieuse ni loi morale. Ils avaient le pressentiment que, là encore, l'*Action française* desservirait la cause qu'elle prétendait servir.

Avaient-ils tort ? Au fond, cette cause, l'*Action française* l'a sacrifiée. A qui ? A elle-même. Elle s'est servie du Roi plus qu'elle ne l'a servi.

Elle a sacrifié la cause de la monarchie quand — ainsi que nous le verrons plus loin — pour fonder son hégémonie sur la clientèle conservatrice française, elle a, comme dit M. Dimier, dans ses *Vingt ans d'Action française* (p. 203), « ruiné le crédit de l'ancien parti royaliste », si justement fier de ses traditions d'honneur, d'élégance et de bon ton.

Elle l'a sacrifiée quand, après la guerre, dans l'espoir de trouver des succès plus faciles, elle relégua au second plan les campagnes destinées à défendre le principe même de la monarchie, qui, au début, avaient accusé son originalité, pour se lancer dans une sorte de guérillas où l'idéal monarchique lui-même risquait fort d'être perdu de vue. Nous concevons, dès lors, la déception amère de beaucoup de royalistes qui avaient mis vraiment leur foi dans l'*Action française*.

Mais, au fond, MM. Maurras et Daudet ont-ils jamais cru à la possibilité d'une Restauration ?... Nous avons dit tout à l'heure combien les succès obtenus par l'*Action française* pendant la guerre étaient artificiels, truqués à plaisir, montés avec un sens remarquable de la publicité... Il reste pourtant qu'une partie importante du public français s'était laissé prendre à ce « bluff »...

Les circonstances paraissaient donc, entre toutes, favorables. L'heure n'était-elle pas venue de tenter le fameux « coup » si souvent prédit... mais toujours pour l'année suivante, par MM. Maurras et Daudet ?... Nombreux étaient les royalistes qui le pensaient... M. Maurras, au contraire, raconte M.

Dimier (p. 304), « estimait que la guerre avait fait reculer notre objet ».

Pourquoi ?... C'est que, expliquait M. Maurras, « le *soldat dans les tranchées avait dégoûté de toutes* choses et du gouvernement ; une restauration ne pouvait plus espérer passer dans l'indifférence (comme un cheval de course passe le poteau : l'image *appartient à M. Maurras*), elle serait discutée et, partant, combattue. Il fallait donc, avant de la faire, recommencer à la prêcher ». Cette prédication était, à coup sûr, davantage dans les moyens de M. Maurras. *Mais il faut surtout dire qu'on avait* « bluffé » si outrageusement que, mis au pied du mur, on était contraint de se dérober...

Un « mythe »

Avait-on même jamais songé sérieusement à cette conquête du pouvoir annoncée si fréquemment et si véhémentement aux conservateurs abusés ?... M. Georges Valois, qui a vécu vingt années dans l'intimité des chefs du mouvement, raconte (p. XIX) qu' « à l'automne de 1922 », il interrogea M. Maurras : « Comment comptez-vous réussir ? » Il poursuit : « A votre réponse, à votre trouble, à la rougeur qui vous envahit, j'acquis la certitude que *vous n'aviez absolument aucune idée sur les moyens à employer pour conquérir le pouvoir.* J'acquis, en outre, une autre certitude : que l'opération ne vous intéressait pas profondément. » Ce témoignage confirme donc exactement celui de M. Dimier.

Alors, pourquoi cette agitation, cette propagande, ce mouvement ?... « Vous n'avez pas mobilisé une troupe pour la conquête du pouvoir, répond M. Georges Valois. Vous l'avez réunie pour faire régner l'esprit maurrassien. Mais comme il serait impossible de la maintenir sous pression avec cette seule raison, *vous lui donnez l'objectif d'une restauration monarchique. Personne de votre état-major ne croit au coup de force...* » (p. XXI et XXII).

Dans le système de M. Maurras, la « restauration monarchique » deviendrait donc une sorte de « mythe » comparable à celui du « mythe » de la « grève générale » qui joue également un rôle décisif dans le système du syndicaliste autoritaire et communiste Georges Sorel.

En un mot, il s'agit, dans un cas comme dans l'autre, de retenir les foules abusées par l'appât d'une chimère : ici, les foules révolutionnaires ; là, les foules conservatrices...

Décisif aveu de faiblesse

Ainsi s'explique que l'*Action française*, obligée de renoncer à une action monarchique *positive,* ait dû chercher, en 1919, un dérivatif dans cette action électorale pour laquelle, précédemment, elle n'avait jamais eu trop de mépris...

Mais, du même coup, s'avérait la faiblesse des effectifs réels de l'*Action française*. Pour masquer son impuissance absolue dans l'ordre des réalisations monarchiques, l'*Action française* s'était tournée brusquement vers l'expérience électorale. Mais celle-ci allait la contraindre à l'aveu qu'elle redoutait.

M. Dimier le constate avec amertume (p. 319) : « On sait quel fut l'effet. Daudet se vit élire (à Paris, et seul) avec beaucoup de peine ; tout le reste de nos trois listes dut céder la place, ou échoua. Ceux qui, pendant la campagne, en province, avaient laissé dire qu'ils marchaient avec nous, s'empressèrent, devant notre échec, de se déclarer différents... Ce résultat coûtait 800.000 francs ». 800.000 francs pour un député ! C'est assez dire que l'*Action française* n'avait pas ménagé l'argent. Mais c'est dire aussi que la débauche d'argent n'avait pu suppléer à la défaillance de la confiance publique.

Et qu'on n'accuse pas M. Dimier, parce qu'il a quitté depuis l'*Action française*, de déprécier systématiquement le résultat, puisqu'il rend hommage — en quoi nous ne serions certes pas d'accord avec lui — à « l'action décisive » menée par M. Daudet à la Chambre... Ceux mêmes, paraît-il, qui croyaient à l'insuccès de l'*Action française* sur ce terrain, « furent surpris de son énormité ». Pour nous, cette « énormité » de l'échec ne saurait nous étonner : elle était dans la logique de la situation.

Aux élections de 1924, le résultat fut pire encore. Cette fois, M. Léon Daudet lui-même, député sortant, est battu. Battu à Paris, il cherche sa revanche, l'année suivante, dans l'un des départements les plus conservateurs, le Maine-et-Loire, en briguant la succession d'un de ses amis décédés, le sénateur royaliste Jules Delahaye. Nouvel échec, plus cuisant encore. Echec personnel qui était, en même temps, un échec pour le parti royaliste tout entier, puisque ce siège, toujours détenu par ce parti, passait aux républicains. M. Georges Valois avait-il tort d'écrire dans son livre (p. x) : « L'histoire de l'*Action française*, c'est une succession d'échecs politiques retentissants » ? (1).

L'*Action Française* blâmée par le duc d'Orléans

Nous avons dit qu'au début de l'aventure, les membres les plus éminents du vieux parti royaliste avaient eu comme le pressentiment de cette débâcle

(1) Se reporter, pour la question électorale, au chapitre : « Leurs forces réelles ».

où pouvait sombrer à jamais l'idée royaliste elle-même. Mais le duc d'Orléans, tout le premier, ne s'était-il pas gravement ému ?...

Le Prétendant se rendait parfaitement compte, en effet, que, par leurs turbulences, leurs insultes, leurs violences, leurs grossièretés, les gens de l'*Action française* pouvaient bien se faire personnellement une scandaleuse notoriété, mais qu'ils devaient fatalement écraser la cause royale sous une montagne d'impopularité.

Infortuné Prétendant ! En le voyant défendre contre ces dangereux serviteurs l'héritage de quarante rois, on était tenté de redire les deux vers fameux d'Hugo :

« *... Un tas de nains difformes*
« *Se taillent des pourpoints dans ton manteau de roi...* »

On a vu, d'ailleurs, qu'à défaut de pourpoints, M. Daudet, modestement, s'était contenté de se tailler quelques... vestes...

Dès l'année 1909, le duc d'Orléans, interviewé par un rédacteur du *Journal* (29 octobre 1909), faisait une déclaration prudente dont la portée n'était que trop claire. A cette époque, en effet, il ne se passait presque pas de jour ou non seulement une statue ne fût barbouillée ou brisée — ce qui était relativement peu de chose, — mais où quelque personnage politique, voire le chef du gouvernement lui-même, ne fût frappé par un camelot du roi désireux de se signaler à l'admiration des lecteurs de l'*Action française* : « La royauté n'est pas un gouvernement de représailles, disait le Prétendant, et le roi de France oublie toujours les injures du duc d'Orléans... » C'était une opportune précision, en même temps qu'un discret avertissement.

Au reste, afin qu'on ne se méprît pas, un familier

du duc d'Orléans, « royaliste éminent, très bien placé », déclarait quelques jours plus tard à un rédacteur de la *Démocratie sociale* (11 décembre 1909) :

« Certes, Monseigneur est reconnaissant à Maurras de son dévouement, qu'il croit sincère et absolu, *mais il ne peut s'empêcher de dire que sa tactique et ses moyens nuisent souvent à sa cause. Tant de violence envers les personnes risque fort de rendre la monarchie effrayante et antipathique à maints républicains de bonne volonté...* »

Et comme le rédacteur interrogeait : « Savez-vous ce que pense le duc d'Orléans des violences dirigées par l'*Action française* contre les gouvernants ? » le familier du Prétendant répondait :

« Il les désapprouve sans doute ; il veut bien que l'on se batte vigoureusement avec l'adversaire, mais non pas qu'on le salisse à plaisir, ni qu'on le traîne journellement dans la boue. — Tel ministre, honni et vilipendé, dit-il, peut devenir un jour un de mes meilleurs auxiliaires le lendemain de mon avènement. »

On connaît assez la manière de MM. Maurras et Daudet pour se douter qu'ils ne tinrent aucun compte de ces avertissements discrets et fermes tout à la fois. Il fallut donc que, l'année suivante, le duc d'Orléans se décidât à parler lui-même et très nettement. Le *Gaulois*, dans son numéro du 20 mars 1910, rapportait de décisives déclarations du prince.

Après avoir rendu, encore une fois, hommage au dévouement de ses troupes « irrégulières », le duc concluait avec sévérité : « Un royaliste qui combat pour le roi à sa manière personnelle *risque le désaveu* infligé non seulement sans colère, ni rancune, mais avec le regret d'être contraint d'abandonner au sort de la guerre un aussi intrépide soldat. Or, *ce désaveu, cette mesure* que je prie tous mes amis de m'épargner, *je n'hésiterais pas à la formuler en termes exacts si l'audace de la tactique de quelques partisans se refusait plus longtemps à reconnaître l'adversaire de l'ami, et si une persistante erreur de manœuvre les amenait à tirer sur le gros des troupes royalistes.* »

Le Pape traité aujourd'hui comme le fut, jadis, le Prince

Quelle fut la réponse de l'*Action française* ? Il est curieux de constater que l'attitude de l'*Action française*, en présence des avertissements de son roi, fut, point pour point, identique à celle que, dix-sept années plus tard, elle devait adopter vis-à-vis du Souverain Pontife. Mêmes arguments hypocrites, injurieux et rocambolesques ; mêmes histoires à dormir debout, mêmes romans... policiers, — c'est bien le cas de le dire.

Tout ça, d'après l'*Action française* (21 mars 1910), c'est une « trahison juive » et le résultat d'un complot entre « Arthur Judas Meyer », directeur du *Gaulois*, et... le ministère de l'Intérieur dirigé par M. Briand. « Le collaborateur de M. Meyer (qui avait été voir le duc d'Orléans) ayant avoué des relations anciennes et amicales avec le ministre de l'Intérieur, déclare l'*Action française*, il était intéressant de se demander si le choix de cet émissaire ne signifiait pas, de façon expresse, une intervention spéciale de la place Beauvau » (où siège le ministère de l'Intérieur). L'*Action française* ne conjura pourtant pas le coup dont elle était menacée : elle fut condamnée explicitement par le

Prince, d'accord avec ces royalistes de vieille lignée et de haute réputation qui s'appelaient MM. de Lanjuinais et de Lamarzelle, par exemple.

Aussitôt commença, sinon contre le Prétendant lui-même, que l'on n'osait attaquer ouvertement, au moins contre ses collaborateurs immédiats, principalement contre le chef de son bureau politique, le comte Henri de Larègle, une inimaginable campagne de violences et d'injures. Le comte de Larègle ne fut plus appelé que « le bandit Henri de Larègle, agent de l'empire juif au bureau politique » (29 décembre 1910). On lui proposa comme étrennes : « Le tour des fortifications, pieds nus, avec un écriteau portant cette inscription : « Par ordre des « juifs, je voulais détruire l'*Action française*. J'ai « manqué mon coup. Comte de Larègle » avec, au retour, une « fessée solide de cinq minutes ». De même, aujourd'hui, l'*Action française* n'ose encore s'attaquer, sinon de biais, à la personne même du Pape ; mais, à travers S. E. le cardinal Gasparri, S. E. le cardinal Andrieu, S. Exc. le Nonce apostolique, n'est-ce pas le Pape lui-même qui est visé ?...

Cette lamentable histoire des démêlés de l'*Action française* avec le duc d'Orléans eut toutefois un dénouement tout à fait différent de celui qu'a eu l'affaire de l'*Action française* à Rome. Le duc d'Orléans finit par céder : si son prestige n'en fut pas accru, son désir de repos y trouva satisfaction. « Au bout de trois mois, écrit M. Dimier (p. 199), des amis négocièrent notre rentrée en grâce. Le chef du bureau fut congédié. » Si l'*Action française* escomptait, à force de violences, d'audace, de bravades, une pareille issue de sa révolte contre Rome, elle a commis une lourde erreur psychologique, que pouvaient seuls commettre des hommes n'ayant vraiment pas le sens catholique.

Les autoritaires contre l'autorité

Donc, l'*Action française* l'emporta ; mais, de cette victoire, elle ne recueillit pas un bénéfice appréciable, — elle ne le pouvait pas. M. Dimier remarque avec raison que beaucoup de royalistes ne comprenaient pas « qu'au chef auquel nous invitions la France à se soumettre, nous commençassions par désobéir ». Etrange façon, en effet, de restaurer, dans ce pays, le principe d'ordre, d'autorité, de hiérarchie, que de battre systématiquement en brèche, non seulement l'autorité des hommes investis des plus hautes fonctions publiques dans le régime établi, mais l'autorité même de celui dont on prétend vouloir substituer le pouvoir au leur dans le régime rêvé !

L'expérience est, d'ailleurs, concluante : il n'est pas de groupement, en France, qui se soit, plus que l'*Action française*, réclamé du principe d'autorité ; mais il n'en est pas non plus qui, en fait, s'y soit moins qu'elle conformé, vis-à-vis de son Prince comme vis-à-vis du Souverain Pontife. Elle n'a jamais accepté comme loi que son intérêt de parti ou, plus exactement, de clan, — dût la discipline catholique, ou la discipline royaliste, ou la discipline nationale, en souffrir.

Quoi qu'il en soit, dans ce duel âpre, violent, prolongé, entre l'*Action française* et le Bureau politique du duc d'Orléans, ce fut l'*Action française* qui sortit victorieuse. L'*Action française*, pour s'imposer, avait fait place nette ; étant seule désormais, elle régnerait.

« Vous abattez tout autour de vous, dit un jour

un royaliste de la vieille école, M. Paul Tailliez, à M. Dimier (p. 203) ; c'est autant d'engagements de remplacer ce qui tombe. Vous seuls, soit : mais ne manquez pas le but, ou la malédiction du monde vous attend. »

Le « but » ! Mais il était atteint, puisque l'*Action française* avait absorbé le parti royaliste, — vidé, il est vrai, de ses plus anciennes troupes.

Depuis lors, d'ailleurs, ce sont non seulement les plus anciennes troupes, mais, en grande partie, les nouvelles qui, à la suite de la révolte déclarée de l'*Action française* contre l'Eglise ont abandonné l'armée de la néo-monarchie. Non contente de les acculer aux pires échecs politiques ne risquait-elle pas de les conduire à l'apostasie ? Le parti royaliste en tant qu'il est représenté par l'*Action française* est devenu l'un des partis les plus anticléricaux de la France d'aujourd'hui : tel est le résultat imprévu, paradoxal au premier abord, mais logique au fond, obtenu par M. Maurras et ses amis.

A la vérité, les royalistes désintéressés avaient toujours visé un autre « but », plus haut, celui dont parlait M. Tailliez : la restauration de la monarchie, — non pas d'une monarchie neutre et encore moins païenne, mais bien de la monarchie chrétienne. Nous avons vu que plusieurs s'étaient posé déjà la question : L'*Action française* songeait-elle vraiment à la Restauration ? M. Dimier en fait amèrement l'aveu (p. 203) : « On délaissa le prince. *A force de le délaisser, on l'oublia.* Sa personne, qui avait tenu tant de place dans les écrits de l'*Action française*, n'y parut plus enfin qu'en mentions brèves et rares. » Ce qui résulta pour lui de cette mesquine querelle, c'est « un peu plus de solitude sur la terre d'exil, d'où l'on s'était vanté de le tirer ».

De Rome à... Saint-Etienne

A force de sophismes, l'*Action française*, rebelle à son prince tant que celui-ci, de guerre lasse, n'abdiqua pas, — lui, « le Roi », — devant ses exigences ; révoltée contre cette Eglise qu'elle avait saluée comme « l'Eglise de l'ordre » ; acharnée contre toutes les autorités établies quelles qu'elles soient ; ouvrière de discordes civiles, l'*Action française* n'en continue pas moins à prétendre au rôle de mainteneuse de l'ordre public... De ces sophismes audacieux, veut-on un nouvel exemple ?...

Le lundi 7 février 1927, pendant une conférence de M. René Benjamin, de sanglantes bagarres éclataient à Saint-Etienne, au cours desquelles un honorable et paisible Stéphanois, M. Doron, qui se rendait à la conférence, fut lâchement abattu, à coups de revolver, par un assassin mêlé aux manifestants.

De ce douloureux événement, savez-vous, maintenant, quelle leçon tira l'*Action française* ? Laissons la parole à M. Maurras (9 février 1927) :

« Il y a vingt mois entiers que rien de tel n'avait été vu sur le sol français.

« Depuis vingt mois, depuis la lettre à Abraham Schrameck, les massacreurs officiels s'étaient tenus tranquilles. Qui les a réveillés ? Quelle idée ? Quel espoir ? C'est très facile à dire. Et j'ai le devoir de le dire. Et je ne peux manquer de le dire.

« Tout simplement l'idée, l'espoir que l'*Action française*, supposée affaiblie dans sa cohésion, dans sa discipline, dans son élan ou, plus naïvement, dans sa force numérique, devenait incapable soit de tenir, soit de punir, et qu'on allait pouvoir recommencer l'ancien jeu.

« Le calcul est flagrant. La concordance des événements le souligne avec une extrême clarté. »

Peut-on imaginer « bluff » plus candide en même temps que plus audacieux ?...

Donc, en premier lieu, si, « depuis vingt mois », pareille scène de guerre civile n'a pas eu lieu en France, c'est — tenez-vous bien ! — c'est à M. Maurras qu'on le doit, — très exactement à sa provocation au meurtre du ministre de l'Intérieur, M. Schrameck. Heureusement que c'est M. Maurras qui nous en donne l'assurance.

En second lieu, si l'on a pu déplorer l'assassinat de Saint-Etienne, c'est que les ennemis de l'ordre public pouvaient supposer l'*Action française* affaiblie, — et affaiblie par quoi ? par l'intervention pontificale. Le Pape Pie XI, complice inconscient du meurtre de M. Doron et fauteur indirect de guerre civile : voilà le tableau que présente de sang-froid M. Maurras à son public. En vérité, pour qui le prend-il ?

Le Pape accusé de complicité révolutionnaire inconsciente ?

Et ne croyez pas à une erreur de plume ou à la défaillance momentanée d'une pensée que le dépit ou la fureur rendent inhabile à trouver son expression exacte. Deux jours plus tard, le 11 février 1927, M. Maurras reprend le même thème, y introduisant, pour que nul ne se méprenne, toutes les précisions désirables. Il rappelle que l'*Action française* a « eu la douleur de se voir condamnée par de hautes autorités spirituelles qui, « jusqu'ici (admirez, en passant, ce « jusqu'ici » qui laisse supposer que, désormais, il n'en sera plus ainsi), avaient toujours été considérées *comme les amies de la France*, comme les amies, les gardiennes, *les garantes même de l'ordre, de la paix, de la civi-*

lisation dans le monde ». On ne saurait insinuer plus clairement l'idée de cette inconsciente complicité pontificale dont nous parlions tout à l'heure.

Ayant ainsi marqué le changement de situation occasionné par la condamnation religieuse qui a frappé son paganisme et son amoralisme, M. Maurras conclut donc encore une fois : « Les effroyables débats de conscience auxquels les organisations d'*Action française* étaient soumises de ce chef ont fait croire aux meneurs révolutionnaires qu'il y avait, dans nos rangs, soit affaiblissement numérique, soit diminution d'énergie ou de discipline : cette considération a certainement agi sur eux pour les inciter à sortir de l'état de sage réserve auquel nous les avions réduits depuis près de dix-huit mois. »

Est-ce assez clair ? La peur de l'*Action française* seule était, pour les révolutionnaires, le commencement de la sagesse. Mais aussitôt que les révolutionnaires ont cru l'*Action française* — rempart suprême de l'ordre public — affaiblie par la condamnation pontificale, ils s'en sont donné à cœur joie ! Et en avant l'émeute, le revolver, l'assassinat !

Nous répétons à M. Maurras que ses esprits lui échappent, ou qu'il prend les lecteurs qui lui restent pour des imbéciles.

Qu'il soit bien sûr, en tout cas, que le nombre de ses dupes sera désormais limité. En vérité, « il va fort », comme dirait Gavroche. Et puis *le public commence à savoir*, — et, surtout, *il saura de plus en plus.*

La fin d'un « Bluff »

Il sait déjà, ou il saura, quelle formidable et

cynique entreprise de bluff constitue l'*Action française*.

Il sait déjà, ou il saura, qu'en vue de favoriser ce « bluff » éhonté, les causes les plus nobles et les plus pures ont été odieusement travesties.

Il sait déjà, ou il saura, que, sous prétexte de servir la religion, c'est, trop souvent, une politique que l'on a voulu pousser.

Il sait déjà, ou il saura, que, sous le couvert de la défense nationale, on a cru pouvoir satisfaire des haines politiques ou de médiocres intérêts de faction.

Il sait déjà, ou il saura, que l'on se plait à plastronner aujourd'hui en se posant en champion de l'ordre public, mais qu'en 1908 et 1909 on liait étroitement partie avec ces mêmes révolutionnaires que l'on dénonçait, hier, comme traîtres à la patrie, ou, aujourd'hui, comme fauteurs de guerre civile.

Il sait déjà, ou il saura, quelle sorte de fraternité s'était établie, il y a un peu moins de vingt ans, dans les prisons où leurs exploits conjugués les avaient fait jeter, camelots du roi et jeunes-gardes révolutionnaires, partisans de l'*Action française* et partisans de la *Guerre sociale*, disciples de Léon Daudet et de Miguel Almereyda qui, depuis...

L'*Action française* peut bien essayer de faire figure aujourd'hui d'épouvantail pour les révolutionnaires. Il reste qu'autrefois elle leur tendait la main, dans l'espoir de saboter, d'accord avec eux, les institutions qu'elle abhorrait.

Au fond, l'*Action française* obéit toujours à son intérêt du moment. Elle loue ou elle insulte, elle défend ou elle attaque, elle tend la main ou elle tend le poing, selon que cet intérêt du moment lui commande l'une ou l'autre de ces attitudes. Ainsi s'expliquent ses innombrables et scandaleuses variations à l'égard des personnes comme à l'égard des institutions, divines ou humaines.

Mais ces variations n'apparaissent clairement qu'à ceux qui prennent soin de recomposer toute son histoire, de ne pas en juger les épisodes isolément, de les examiner dans leur ensemble, de les expliquer l'un par l'autre.

Alors la vérité se fait jour, le bluff monstrueux apparaît... Il suffit de le dénoncer pour le rendre inoffensif... C'est à quoi nous nous attachons ici... Voir clair et faire voir clair : nous n'avons pas eu d'autre dessein.

☙ ☙

P. S. — A l'heure où nous achevons la correction de ces épreuves, nous lisons ces déclarations faites par M. Paul Claudel, le grand poète catholique, ambassadeur de France à Washington, à M. Frédéric Lefèvre, qui les publie dans les Nouvelles littéraires *du 7 mai* 1927 :

« Je ne dirai certes pas que je suis content de ce qui arrive à l'*Action française,* mais j'ai toujours considéré que ce mouvement n'était pas animé d'un esprit chrétien. L'action du Pape a été salutaire et elle était nécessaire.

« Comme diplomate, ayant passé la plus grande partie de ma vie à l'étranger, j'ai toujours constaté qu'il n'y avait pas de journal qui ait fait plus de mal à la cause française, que celui de MM. Maurras et Daudet, par ses violences à l'égard de tout ce qui représente notre pays. Il est tout de même difficile de croire que la France, depuis 50 ans, n'ait été dirigée que par des imbéciles ou des fripons. Ce n'est pas vrai ! J'ai vu passer au Quai d'Orsay un grand nombre d'hommes, mais, bien qu'ils ne partagent pas tous mes idées, je n'y ai jamais vu que des patriotes et des honnêtes gens. »

Nous n'aurions pu souhaiter plus précise, plus éloquente, plus décisive confirmation de toute une partie de la démonstration tentée dans ce chapitre.

Leur anticléricalisme se révèle

C'est dans l'épreuve que se vérifient la qualité et la sincérité des sentiments.

Devant l'avertissement donné en 1926 par l'autorité religieuse, il convient de voir ce qu'allaient devenir le dévouement que professait l'Action française envers l'Eglise, le principe d'autorité qu'elle prétendait rétablir, l'intégrité de la foi que ses adhérents catholiques imaginaient avoir su garder.

❧ ❧

Pour l'ensemble des adhérents de l'Action française comme pour le grand public, la lettre du cardinal Andrieu avertissant la jeunesse des périls qu'elle courait en suivant Daudet et Maurras fut une grande surprise. Mais les dirigeants du mouvement avaient eu le temps de s'y préparer. Ils ont été, en effet, tenu au courant des menaces de condamnation qui se sont produites en 1913 et en 1914, et ils ont prétendu n'avoir pas ignoré les « manœuvres » qui auraient précédé la lettre du cardinal Andrieu : selon eux, une censure avait été sollicitée, mais en vain, de divers prélats.

Avertis, les chefs de l'Action française ont pu arrêter leur décision à l'avance. Cette décision, prise surtout par des incroyants et qui, pratiquement, obligea les croyants, était dans le sens de la résistance.

L'orgueil ennemi de la foi

La foi chrétienne a ses gardiens, auxquels il faut bien que nous soyons soumis. L'Eglise ne peut maintenir intact le dépôt de vérités qui lui a été confié qu'en reprenant l'erreur à mesure qu'elle se crée, ou plutôt à mesure qu'elle se répand et devient dangereuse. Si nous prétendons au titre de fils de l'Eglise, il nous faut reconnaître ce magistère ; reconnaître que nous sommes capables d'erreur, et que nous serons dans l'erreur en effet dès que Rome aura jugé que nous ne sommes pas dans la vérité.

L'Action française approuvait, soutenait, renforçait le magistère ecclésiastique alors qu'il se prononçait contre telles ou telles opinions.

Ce même magistère lui apparut comme inacceptable, dès que ses censures furent dirigées contre l'Action française elle-même. Une longue et présomptueuse confiance avait conféré à l'organisation de MM. Maurras et Daudet l'équivalent pratique d'un dogme très étendu d'infaillibilité.

La lettre du cardinal Andrieu, et celle où le Pape approuvait l'Archevêque de Bordeaux, ne furent donc pas étudiées à la lumière de l'humilité, mais sous le feu de l'orgueil. On ne se demanda point : « Comment avons-nous pu faillir ? » ainsi que le doit tout chrétien averti par ceux qui l'enseignent ; mais : « Comment le cardinal Andrieu et le Saint-

Père se sont-ils donc trompés ? » Car, puisqu'ils censuraient l'Action française infaillible, ils se trompaient nécessairement ou ils étaient trompés.

Catholiques et incroyants d'Action française se trouvèrent d'accord pour examiner en quoi les documents qui les censuraient étaient réfutables, et personne ne songea à l'examen de conscience qui s'imposait.

Doctrine contre doctrine

Lorsque l'*Aquitaine* du 27 août 1926 publie la lettre du cardinal Andrieu, ce sont des protestations qui s'élèvent.

Dès le 1er septembre, le rédacteur qui faisait l'intérim de Maurras (Robert Havard de la Montagne (1) déclarait : « Les catholiques d'Action française ont le devoir d'élever une protestation respectueuse, mais ferme. »

Le 9 septembre, l'*Action française* publiait une adresse de ses dirigeants catholiques au cardinal Andrieu : ce n'était qu'une longue protestation. On y lisait : « Notre stupeur devant ces griefs ne peut être exprimée... Nous protestons de toutes nos forces contre ces accusations. »

On ajoutait bien : « Sans doute, nous ne sommes pas infaillibles. Dans un champ de labeur si vaste, quelqu'un des nôtres a pu commettre quelque erreur ,se servir de quelque expression incorrecte, être fautif sur quelque détail. Mais nous osons l'affirmer, pour quiconque prend les choses avec équité

(1) C'est une revue belge sympathique à l'A. F. qui donna ce nom, et elle n'a pas été démentie.

et ensemble, l'enseignement de l'Action française est bien tel que nous l'avons dit... »

Ainsi, les dirigeants catholiques de l'Action française affirmaient qu'ils représentaient la vérité, et que l'erreur était chez le cardinal Andrieu. On affirmait à celui-ci qu'il avait été mal informé, si l'on ne mettait pas en doute « la droiture et la hauteur de ses vues ». On lui reprochait de s'être arrêté à « tel ou tel livre de jeunesse » de Maurras, « qui ne sont pas le thème de l'enseignement de l'Action française ».

« La doctrine politique de l'Action française, disait-on, se trouve largement exposée dans notre quotidien, dans nos discours de propagande, dans les cours et conférences que nous faisons, dans les ouvrages sur lesquels nous nous appuyons expressément et que nous présentons avec insistance au public. Ceux-là sont bien connus, ils ont obtenu une très large diffusion. Quelques-uns (*Kiel et Tanger*, *L'Enquête sur la monarchie*, etc., etc.) contiennent une doctrine exclusivement politique qui peut, sans difficulté, être subordonnée à la métaphysique de saint Thomas ou au *Credo* catholique. Bien plus, d'autres sont écrits par des catholiques, dans un sens ouvertement catholique : tel le livre de la Tour du Pin : *Vers un ordre social chrétien,* qui est comme la charte de notre action sociale. Voilà où il faut aller chercher notre doctrine. »

Première ligne de couverture

Ayant ainsi opposé doctrine à doctrine, on opposait autorité et autorité ; les dirigeants de l'A. F. se réclamaient des approbations qu'ils avaient pu antérieurement recevoir, sans dire sur quels points précis ces approbations avaient porté. Mais surtout ils prenaient immédiatement l'offensive contre les ennemis qu'ils se choisissaient dans cette affaire.

La lettre au cardinal Andrieu expliquait en effet tout au long que l'irréprochable Action française ne pouvait être victime que d'odieux calomniateurs. Ceux-ci étaient dénoncés : Les succès de l'A. F. rendaient jaloux les démocrates. « Voilà notre crime », disaient les dirigeants de l'A. F. de ces prétendus succès. La jalousie des démocrates est « l'une des clefs de la formidable et odieuse machination qui a porté aux pieds de Votre Eminence tant de renseignements faux. »

Une autre clef était la haine des modernistes que l'A. F. se glorifiait d'avoir combattus et qui étaient accusés de chercher une revanche.

Donc, rectitude parfaite de la doctrine de l'Action française. Aveuglement incroyable de la haute autorité religieuse qui venait de se laisser grossièrement duper en la censurant. Le premier point répondait évidemment aux convictions intimes des dirigeants de l'Action française. Le second était visiblement le fruit d'une tactique d'ores et déjà adoptée. D'anciennes relations, dont Maurras devait faire un abusif étalage, entre lui et le cardinal Andrieu, ne permettaient pas qu'on pût sérieusement croire à l'A. F. que l'Archevêque de Bordeaux pouvait être circonvenu par des démocrates et des modernistes au point de prendre « le blanc pour le noir ».

Le Pape peut-il être trompé comme un simple cardinal ?

L'A. F. soutenait sa doctrine contre le jugement du cardinal Andrieu. Mais, le 5 septembre, S. S.

Pie XI se prononce et approuve la censure qui vient d'être faite. La rapidité avec laquelle se produit cette intervention ne peut laisser douter que le procès fut de longtemps instruit à Rome. On avait connaissance de la cause, et on voulait que l'action entreprise à Bordeaux eût une portée universelle, la doctrine d'A. F. s'étant d'ailleurs répandue à l'étranger.

N'ayant plus devant eux un des princes de l'Eglise romaine, mais son chef, le Pontife suprême, les dirigeants de l'A. F. vont-ils modifier leur attitude première de protestation ?

Certes, ils hésitent, et ils louvoient. L'A. F. du 9 septembre publie la lettre du cardinal Andrieu et celle du Pape ; on y ajoute la réponse des dirigeants catholiques à l'archevêque de Bordeaux. Malgré la situation nouvelle, cette réponse continue donc à être tenue pour bonne et valable. Si les démocrates et les modernistes ont trompé un Cardinal, ils ont bien pu tromper le Pape.

M. Bernard de Vesins, écrivant au Saint-Père au nom des catholiques d'A. F., invoquait d'ailleurs expressément cette adresse dont, ajoutait-il, « je me permets de remettre plus loin les termes sous les yeux de Votre Sainteté ».

Soumission de Bernard de Vesins

La lettre de M. Bernard de Vesins pouvait, quant au surplus, être considérée comme un acte de soumission pure et simple :

« Au nom de mes amis signataires de l'adresse à S. Em. le Cardinal-Archevêque de Bordeaux et au nom des milliers de ligueurs catholiques pratiquants et dévoués, dont j'ai l'honneur d'être le chef politique comme président de la Ligue d'Action française, je dépose humblement aux pieds de Votre Sainteté une solennelle protestation de notre foi entière aux dogmes de l'Eglise catholique et de notre soumission à son Chef. Ces sentiments, qui n'ont jamais cessé d'être les nôtres, la manifestation en est devenue particulièrement nécessaire puisque l'on a cru pouvoir exprimer publiquement des doutes sur leur sincérité. »

Ce ton n'était déjà plus tout à fait le même dans l'adresse des Etudiants d'A. F. et des camelots du Roi catholiques au Saint-Père. Elle disait d'abord :

« Les étudiants catholiques d'Action française, c'est-à-dire la très grande majorité des étudiants d'Action française, déposent aux pieds de Votre Sainteté l'hommage de leur filial attachement et de leur entière soumission aux enseignements de l'Eglise et, en particulier, de Votre Sainteté. »

Mais cette phrase irréprochable était suivie de singulières ironies : « Si, comme il arrive dans beaucoup d'autres formations politiques... », ce qui sous-entendait : « Vous ne les condamnez pas, celles- là ! »

« Ils ont conscience des dangers que cela peut présenter. » Ainsi, votre avertissement était bien inutile, Saint-Père ! Au surplus, nous avons nos hérésies à pourfendre, et une leçon à vous donner : « Ils ont appris, en effet, dans les Encycliques de Votre Sainteté et de ses prédécesseurs, à combattre le laïcisme et le modernisme, et, en travaillant à restaurer les traditions nationales de la France, ils n'oublient pas, ils s'engagent à n'oublier jamais que la tradition chrétienne figure au premier plan... »

La conclusion était d'ailleurs une affirmation très nette de respect et de soumission, avec une promesse de s'écarter « des erreurs que l'Eglise condamne ».

L'effort d'apaisement

Ces documents que nous nous permettons d'éplucher aujourd'hui furent reçus avec une interprétation délibérément favorable par les autorités religieuses comme par l'unanimité des catholiques français. On tenait fort à ménager ceux qui étaient atteints et à leur faciliter le devoir. Tout ce qui ne prenait pas figure de révolte était accepté avec joie.

Peut-être donc, l'affaire eût-elle été close, s'il n'y avait eu en présence que les catholiques et l'autorité religieuse. La soumission des catholiques eût impliqué un certain nombre d'actes dont l'accomplissement eût produit toutes satisfactions et tous apaisements.

Mais il existait des chefs incroyants qui n'avaient aucune raison d'écouter Pie XI. De là devait naître le conflit.

Entre deux obédiences

Un point important est à considérer. Quel effet produisit, sur les chefs réels de l'*Action française*, l'avertissement du Pape ? Aucun, semble-t-il. Nulle rectification de doctrine ou de méthodes n'a été envisagée. L'*Action française* n'a reconnu aucune faute, ni tenu pour valable aucun reproche. Les questions qui se sont posées ne le furent que pour les catholiques.

Ceux-ci étaient tout simplement laissés libres de se retirer, s'il leur convenait, d'une association qui entendait continuer à marcher comme si de rien n'était. On leur ouvrait la porte, tout en leur faisant bien entendre que s'en aller serait une faute contre la patrie, et même un crime, et en faisant jouer tous les sophismes pour les amener à préférer la fidélité à Maurras à la fidélité de leur baptême.

En leur donnant théoriquement la liberté de se retirer, Maurras ôtait aux catholiques d'A. F. toute possibilité d'exiger une réforme ou une rectification de direction dans l'œuvre en apparence commune. L'A. F. constituée par une union de croyants et d'incroyants, n'appartenait plus, après la décision du Pape, qu'aux incroyants et à ceux des catholiques qui auraient l'audace de se refuser aux directions pontificales. Un catholique fidèle au Pape se trouvait *ipso facto* hors de l'A. F., puisque, professant ce que venait de rappeler Rome, il n'était plus en accord avec Maurras. On sait que la discipline à l'*Action française* est sur ces questions comme sur toutes autres extrêmement rigoureuse.

Nous verrons plus loin comment il fallut essayer de prouver aux catholiques que dans cette question les directions de Rome étaient inopérantes, et qu'on pouvait en toute tranquillité de conscience résister aux décisions de Pie XI.

Primum vivere : *la souscription*

Ce qui se passait dans les consciences des catholiques d'A. F. pouvait échapper au public. Le temps et les conseils eussent apporté le plus souvent la lumière et la paix. Logiquement, la parole du Pape devait entraîner en plus ou moins de temps l'assentiment de tous : l'A. F. composée pour les 9/10 de catholiques, se trouvait par suite en grand danger d'abandon. Elle avait donc besoin de s'opposer ouvertement aux directions romaines ; il lui fallait traduire efficacement sous les yeux des lecteurs sa volonté de continuer l'action entreprise et dans le sens jusqu'alors suivi.

Le 8 septembre, Charles Maurras déclarait que l'*Action française* ouvrait une souscription nouvelle ; plus exactement, il lançait « l'appel du 3e et du 4e millions ». L'article était intitulé sans ambages : *Pour le nerf de la guerre.* Il s'agissait évidemment de se procurer les fonds dont l'A. F. a sans cesse besoin, et qu'allait rendre plus nécessaires encore la nouvelle campagne. Mais il s'agissait aussi et surtout de rallier les troupes en danger de se débander. Maurras, suivant l'exemple militaire, commandait l'exercice sous le feu de l'ennemi. Il affirmait sa volonté de tenir. Contre le nouvel obstacle, il se préparait à foncer. Jadis il avait « eu » le duc d'Orléans ; il entendait « avoir » le Pape.

L'article du 8 septembre ne voilait rien de ces intentions. La seule précaution était d'imputer à Briand la responsabilité des avertissements romains. M. Maurras écrivait :

« ... La politique de Briand ne connaît d'activité véritable que contre nous. *Sa politique religieuse,* notamment, est tendue tout entière contre l'*Action française.* Ses fonds secrets si abondants au Quai d'Orsay sont en grande partie dépensés contre nous. Briand s'était juré de nous avoir en 1910, quand il essayait de tourner l'autorité royale contre la renaissance royale. Il ne nous a pas eus. *C'est aujourd'hui le catholicisme* que les agents secrets de Briand voudraient tromper contre les bons défenseurs du catholicisme... »

La méthode est simple : en 1910, le comte de Larègle et les comités royalistes qui exécutaient la volonté du duc d'Orléans étaient des agents de Briand;

en 1926, le même Briand avait pour complices les cardinaux Andrieu, Gasparri et le Pape même. La tactique était toute indiquée : en invoquant l'exemple notoire d'une indiscipline qui avait brillamment réussi, on pouvait se flatter d'arriver au même résultat : on présentait le nouvel épisode comme la suite des précédentes luttes, et on jetait ainsi un voile sur sa particulière gravité.

La manœuvre de Maurras ne pouvait que réussir. La souscription tourna, qu'on le voulût ou non, en listes de protestation, où les naïfs s'en prenaient, selon le thème du combat, au détesté Briand, où les autres visaient plus directement les chefs ecclésiastiques. A la censure de l'autorité religieuse, les lecteurs de l'*A. F.* répondaient par une approbation et un encouragement. Approbation et encouragement qui se traduisaient parfois par des formules imprudentes.

Le secret des cœurs

Si l'on se demandait comment les lecteurs catholiques et autres jugeaient l'intervention pontificale, on allait être fixé : le fond des cœurs se livrait dès la première liste.

Il était visible qu'on n'avait pas compris l'avertissement du Pape, et qu'au contraire on acceptait comme pain bénit les fausses explications données :

« Pour endiguer les flots de haine déchaînés contre l'A. F...

« J. A. M., indigné de la guerre injuste qu'on fait à l'A. F.

« Un catholique qui déplore les injustes accusations contre l'A. F.

« Pour continuer la lutte malgré les libéraux incorrigibles.

« Pour aider l'A. F. à déjouer les intrigues libérales.

Des prêtres, excipant de leur qualité, envoyaient leurs offrande : « Un docteur en théologie » s'inscrivait pour 5 francs. Plusieurs souscriptions se libellaient avec une netteté brutale :

« Suite à la lettre du cardinal Andrieu. »

Tout de suite, cela fit scandale. La *Croix*, qui, d'autre part, trouvait dans son courrier des lettres violentes, dut élever la voix, tandis que l'*Osservatore Romano* faisait « de douloureuses constatations ». La *Croix* reprenait notamment une souscription enregistrée *comme protestation contre la manœuvre perfide des faux chrétiens qui ont trompé le cardinal Andrieu.* Cette formule, qui paraît bien pâle devant ce qui a été écrit depuis, fut considérée comme inadmissible, et l'*Action française* elle-même partagea ce sentiment. Dès le lendemain, M. Maurras publiait une note la désavouant. On mettait cette insertion sur le compte d'une « inadvertance » causée par l'absence d'employés en raison des vacances. M. Maurras ajoutait : « Ces paroles ne correspondent ni aux sentiments des amis de l'*Action française*, ni à la ligne observée par elle. »

Le désaveu était formel. On s'en contenta. Il laissait subsister quelques indices fâcheux. « L'inadvertance » incriminée par M. Maurras portait sur la publication, non sur le fond. Il y avait donc habituellement surveillance, et on pouvait supposer que la prudence de l'A. F. escamotait d'autres énormités.

Ceux qui savent lire ne le devinaient que trop.

L'euphémisme, la prétérition, la réticence, tout ce qui sert à déguiser la pensée, à donner un coup sans pouvoir être accusé, florissait dans ces listes. On évoquait Pie X, le cardinal Sevin; on écrivait : « La caravane passe » ; on se disait meilleur catholique grâce à l'A. F. ; on mentionnait ses qualités de tertiaire de saint François et de membre des conférences de Sant-Vincent de Paul ; « trente élèves de grand séminaire » souscrivaient : « Pour Dieu, pour le Roi, pour l'A. F. ». Trois membres de la même famille faisaient suivre leur nom de cette mention évidemment significative : « Catholique de Bordeaux ». On envoyait une part de son denier du culte, ou le montant de ses abonnements à la *Croix*, au *Pèlerin,* à la *Vie Catholique,* etc., etc.

D'autres souscriptions témoignaient bien entendu de sentiments plus nobles ou de candeur : elles montraient qu'un bon nombre des adhérents de l'A. F. ne voyaient pas où on les menait. Mais on peut dire que d'une façon générale chacune de ces listes manifestait un esprit de résistance peut-être encore inconscient, mais très déterminé.

L'appel à l'opinion

D'où venait l'état d'esprit hostile aux mesures prises par le Vatican qui se révélait ainsi ?

Sans doute un bon nombre de catholiques n'avaient pas compris d'eux-mêmes les raisons qui motivaient l'acte du Pape. Depuis trop longtemps ils étaient habitués à admirer ceux dont ils devaient se défier à présent.

Mais surtout ils avaient été touchés plus ou moins directement par la campagne offensive et défensive que l'*Action française* ouvrit aussitôt après les censures de Rome. Maurras, dans sa polémique, faisait un constant appel à l'opinion « qui est là et qui juge ». Cette opinion, l'*Action française* avait fait le nécessaire pour l'amener à partager ses vues. Tous les journaux, et ils étaient nombreux, où l'*Action française* possédait quelque ami, et les autres en vertu d'une certaine confraternité furent sollicités implicitement de prendre parti en sa faveur. Certes, l'affaire qui s'ouvrait prenait assez d'importance pour que les journaux en fissent mention ; cetains silences, certaines publications, certaines notes montrèrent clairement à qui sait lire un défaut de spontanéité qui prouvait bien que l'*Action française* entendait agir énergiquement, ne pas rester seule en face des mesures romaines, mais s'appuyer contre elles de toutes les amitiés et même de toutes les hostilités.

L'A. F. voulait faire juger Rome par l'opinion française, et la moins informée et la plus partiale en l'affaire, celle des journaux ; elle voulait porter, sur le terrain de la politique et des passions, ce qui n'était que l'avertissement des autorités religieuses aux âmes placées sous leur direction.

Ainsi se développa la campagne de malveillance pour laquelle furent enrôlés le *Figaro,* l'*Avenir,* un peu le *Gaulois* et un peu *Comœdia, Candide,* le *Charivari,* outre un grand nombre de journaux de province. Les journaux de gauche prirent également parti, trop heureux que l'*Action française* leur fournît des armes contre le Vatican. Il arrivait d'ailleurs que quelques-uns se prononçassent contre l'*Action française,* et celle-ci ne manquait pas d'en tirer gloire en écrivant : « — Voyez, les ennemis de notre foi approuvent ceux qui nous poursuivent. « Le plus souvent, ils prirent parti en sa faveur et alors l'A. F. citait avec complaisance leurs arguments : « Voyez, même nos adversaires sont avec nous. » Le résultat général fut une vaste campagne contre le Vatican et contre la foi, dont l'*Action française* suivait l'éveil avec attention, en prenant soin d'en rejeter la responsabilité sur l'autorité qui l'avait censurée : alors que la faute était trop visiblement non dans l'exercice légitime par l'autorité religieuse de son droit de surveillance, mais dans la révolte déjà acquise de ceux qui n'auraient dû que s'incliner.

La propagande sournoise

Nous verrons se développer le plan de défense de l'*Action française* aidée des appuis qu'elle avait su se ménager. Cette campagne ouverte était précédée et accompagnée de manœuvres plus dangereuses encore parce qu'elles recouraient directement à la calomnie et empruntaient des voies souterraines. L'*Action française* ne se bornait pas pour sa défense à ce qu'elle pouvait imprimer chaque jour dans ses colonnes. Dans toutes ses formations de parti circulaient des mots d'ordre. Nous ignorons bien entendu ce qu'ils furent et ce qui pouvait se dire en haut lieu. Mais il était facile de se rendre compte de la manière dont on instruisait les ligueurs de l'A. F. pour le service de leur propagande parlée : il suffisait de les écouter. Certes, leur passion ajoutait souvent des détails et une forme peu édifiante ; mais on devinait l'origine des prétendus renseignements qu'ils colportaient.

Aussi bien et pour assurer à certaines de ces calomnies une plus large diffusion, on n'hésita pas à en imprimer l'essentiel. Le *Charivari*, qui avait été récemment renfloué par le caricaturiste de l'*A. F.*, J. Sennep et ses amis politiques, raconta le 18 septembre comment la condamnation de l'*A. F.* n'était *qu'un service* rendu à Briand. On mettait en cause le cardinal Cerretti ; on disait qu'il n'avait pas su « échapper à la séduction qu'exerce notre capitale sur tous les étrangers » ; que Briand s'était employé de la meilleure grâce à « arranger » une histoire : que Mgr Cerretti lui ayant offert de reconnaître ses amabilités, le ministre répondit : « Tâchez moyen de faire larguer l'*Action française* par les curés. » Et que c'était donc pour faire plaisir à Briand et acquitter la dette de Mgr Cerretti que le Cardinal Andrieu avait écrit sa lettre, et que le Pape l'avait appuyée.

Une telle fable paraissait odieuse et ridicule ; le mépris aurait dû en faire bonne et suffisante justice. Malheureusement la calomnie était lancée avec assez de force, appuyée avec assez d'énergie pour faire son chemin. On la retrouva dans *Comœdia*, et plus tard dans d'autres journaux. Elle ne cessa de défrayer les conversations et les correspondances privées ; on ne craignait pas de donner des détails circonstanciés sur les raisons qui auraient motivé la reconnaissance du cardinal Cerretti envers Briand ; certains, plus malins, réduisaient le scandale et ainsi en confirmaient l'authenticité. On vit de bons catholiques, d'ailleurs non partisans de l'A. F., se croire obligés d'admettre qu'il pouvait y avoir du vrai dans la calomnie ainsi propagée, sans réfléchir : 1° que si le fait avait eu la moindre parcelle d'exactitude, il existait en France assez de journaux anticléricaux hors de l'A. F. pour en triompher ; 2° qu'on n'inventait cette cause que pour expliquer l'effet qu'eût été la condamnation de l'*Action française,* et qu'il était hors du sens commun de supposer Rome prenant de graves mesures contre un puissant groupement de catholiques dans de telles conditions.

L'*Action française* n'a pas osé prendre à son compte la calomnie répandue par ses partisans ; elle s'est contentée de ne pas la démentir et de la laisser circuler abondamment. Poussée dans ses retranchements par la *Vie Catholique,* elle a imaginé que ces « bruits diffamatoires » (il fallait dire : calomnieux) avaient eu leur origine dans le cabinet de Briand ; ce qui n'eût pas été un motif, au contraire, pour s'en servir comme on l'a fait. Il ne faut pas se dissimuler qu'il restera quelque chose dans le public français de cette vilaine histoire et que longtemps encore d'honnêtes gens mal informés s'en laisseront conter sous le sceau du secret les détails apocryphes, ou se verront menacés d'allusions aussi discrètes que mystérieuses à ce que « l'A. F. aurait pu dire ». Nos adversaires ne manqueront pas à l'occasion de reprendre ces calomnies comme toutes celles qui ont alimenté la campagne de l'*Action française* contre le Vatican (1).

Lutte ouverte

Tandis qu'on orientait le public catholique sur ces fausses explications des mesures venues de Rome, on travaillait efficacement à empêcher le même public à recevoir des explications plus véritables.

(1) Disons cependant que certains alliés de l'A. F., ayant pris leurs informations à bonne source, furent assez honnêtes pour cesser de se servir de la calomnie à laquelle nous faisons allusion.

La *Croix* et la presse catholique avaient enregistré les documents venus de haut et s'étaient abstenus de les commenter pendant les premières semaines. On faisait généralement crédit à l'A. F. de sa soumission et on aimait à la lui faciliter. Des journaux que l'*Action française* avait attaqués avec la pire violence comme l'*Ouest-Eclair*, la *Jeune-République* et bien d'autres, s'abstinrent également de tous commentaires. Contrairement à la légende qu'a essayée d'accréditer l'A. F., aucun de ses adversaires notoires, et à plus forte raison aucun autre journal catholique ne témoigna de satisfaction. L'on peut dire que si à ce moment l'A. F. avait fait un geste qui confirmât la soumission qu'on espérait de ses membres catholiques, la presse tout entière l'aurait couverte de fleurs, sans qu'on eût à déplorer les fausses notes qui accueillirent ce geste dans de précédentes circonstances.

Quand, après trois semaines, il apparut que le public était détourné de la vérité, il fallut bien intervenir. Le *Petit démocrate* s'étonna du silence de la presse devant la campagne de résistance de l'A. F. Cette campagne rencontrait d'autant plus de succès que le public catholique avait attendu en vain qu'on lui expliquât les motifs des mesures prises contre l'A. F., et que ne découvrant pas lui-même ses motifs, il en était réduit aux plus basses explications.

Sentant ce besoin d'explication, la *Croix*, le 21 septembre, reproduisit la préface de l'enquête sur Maurras et la jeunesse catholique organisée par le *Pays wallon* ; le 23, elle disait commencer des explications doctrinales précises que lui demandaient ses abonnés ; le 28, elle publiait un exposé demandé à un théologien.

Mais chacune de ces tentatives pour éclairer le public français était l'objet de violentes réponses de Ch. Maurras. « Franc », signataire des premiers articles, était traité en ennemi personnel, accusé de faux, accablé de toutes les injures dont l'A. F. sait jouer si habilement. Les attaques de Maurras provoquaient une vive émotion parmi les abonnés de la *Croix*, qui intervinrent fort nombreux pour obtenir qu'on ne parlât plus de l'*Action française*. Ils eurent bientôt partiellement gain de cause ; la *Croix* se borna à insérer les documents officiels. Ainsi « les explications doctrinales » que craignait tant l'A. F., ne purent effacer dans l'esprit public les explications extra-doctrinales données par ceux qui étaient déjà des rebelles.

C'est avec les mêmes violences systématiques que fut accueillie une brochure publiée par le P. Boulier, de l'*Action populaire*. Maurras ne se contenta pas de le traiter de faussaire ; il intenta un procès à la *Vie Catholique*, le seul journal où le P. Boulier pût faire insérer une réponse aux violences de Maurras. On assistait à ce spectacle curieux et imprévu : des religieux, estimés et doctes, écrivaient pour d'autres catholiques afin de faire comprendre et admettre la parole du Père commun des fidèles ; mais ce n'étaient pas ces catholiques qui répondaient, soit pour acquiescer, soit pour réfuter ou demander un supplément d'explication : c'était le faux maître qu'ils s'étaient donné si imprudemment qui combattait pour empêcher la lumière de leur parvenir, pour maintenir entre les membres de l'Eglise enseignée et ceux de l'Eglise enseignante l'écran de son incrédulité et le prestige dénoncé de ses directions erronées.

Ainsi pour les besoins de sa cause, l'A. F. entendait combattre et étouffer tout ce qui pouvait justifier et mettre en pleine lumière les directions de l'Eglise.

L'appel du Pape vivant au Pape mort

Un article de la *Croix*, signé Pierre Strada, soulignait le conseil donné par Pie XI : *relisons la lettre du Pape.* Il s'adressait aux catholiques d'Action française, refusant explicitement sur le point en litige la parole à M. Maurras.

Ce fut ce dernier cependant qui répondit, et pour lancer une offensive nouvelle :

« M. Strada répondra ce qu'il lui plaira. Les yeux dans les yeux, je lui réplique que je m'en moque et que je m'en contre-moque. Pourquoi ? Simplement parce que mes explications de 1913 ont été portées à un tribunal aussi attentif qu'il est lui-même distrait, aussi bienveillant qu'il est malveillant, aussi sûr qu'il est vague et flottant, aussi digne de foi que l'article de M. Strada est discutable et vain. L'arrêt d'un pareil tribunal demeure l'honneur de ma vie : je m'y tiendrai avec une entière sérénité. »

Ainsi, à Pie XI, et non à M. Strada, car ce n'est pas M. Strada qui le censurait, M. Maurras opposait « l'arrêt d'un tribunal » rendu en 1913. Il se gardait bien de préciser ; mais de nombreuses insinuations laissèrent croire que les livres de M. Maurras avaient été, en 1913, soumis à la Congrégation de l'Index qui avait refusé de les condamner.

Cette prétendue justification de Maurras fut démentie par *la Vie Catholique*, puis par *l'Osservatore*

Romano ; enfin le Pape promulgua le décret de l'Index, pris en 1914 et dont la publication avait été suspendue. M. Maurras battu de point en point et reculant toujours n'hésita pas à laisser entendre que le document retrouvé et publié par Pie XI était un faux. Il n'a pas cessé de prétendre qu'une enquête était nécessaire pour établir l'authenticité de ce document ; sa polémique quotidienne s'est alimentée de prétendus témoignages qui prêtent à Pie X d'invraisemblables paroles à l'égard de la Congrégation de l'Index. Il fait admettre à ses lecteurs que le décret de 1914 n'a pu être pris qu'à l'instigation de « l'Allemand Esser », et il prétend ramener l'examen de ses livres à une querelle nationale où il aurait été victime de la haine allemande.

Si les jugements de l'Index ont souvent mécontenté les auteurs censurés, on a rarement vu une pareille accumulation d'absurdités naître d'une condamnation. Nous sommes dans cette affaire prodigieusement hors du sens commun et de l'ordinaire des choses : d'une part, M. Maurras reconnaît comme censurables certains des ouvrages repris. Il a déclaré que *le Chemin de Paradis* et *Anthinéa* étaient mis par lui-même à l'Index de l'Action française. Il n'en conteste pas le caractère anticatholique ; il sait que de tels ouvrages, de quelque nom qu'ils fussent signés, ne peuvent qu'être désapprouvés par l'Eglise. Et cependant il s'obstine à chercher les plus invraisemblables motifs pour expliquer une condamnation de ces ouvrages par le Saint-Office, à n'y voir que l'intervention allemande et à accuser de faux le Pontife suprême !

Développement de la campagne : les accusations de germanophilie

L'activité des partisans de l'Action française s'exerçait sur tous les plans possibles ; des interventions pressantes se produisaient auprès de tous les prélats qui lui avaient témoigné quelque sympathie ; les fausses interprétations, les erreurs de direction se multipliaient et le trouble augmentait dans les consciences. L'absence de presse catholique en France amena l'*Osservatore Romano* à publier plusieurs articles qui mettaient au point les plus récentes insinuations.

Un de ces articles ayant rappelé l'immoralité de certains romans de Léon Daudet, celui-ci menaça de procès les journaux qui en donneraient la reproduction. Il réussit à intimider de cette manière quelques organes pusillanimes et se garda bien d'ailleurs de mettre sa menace à exécution envers les journaux qui avaient passé outre.

Aucune équivoque ne pouvait exister sur la portée des articles de l'*Osservatore Romano ;* pour plus de certitude encore, il fut expressément déclaré que ces articles étaient autorisés et inspirés. L'Action française n'en contesta pas moins qu'on dût en tenir compte d'aucune façon. Elle ouvrit contre le journal romain une campagne violente ; elle l'accusa d'avoir témoigné pendant la guerre des sentiments pro-allemands, d'avoir eu pour rédacteur un prêtre espion, etc. M. Léon Daudet écrivit plusieurs articles où, selon sa manière habituelle, il parlait du *Diffamatore Romano*, de *l'Osservatore Tedesco*, etc.

Ces attaques ne portaient encore que contre le passé du journal romain. Elles devaient s'étendre à la politique même du Vatican sous le pontificat de Pie XI. Dans l'*Avenir*, M. Emile Buré avait publié un article très violent où la condamnation de l'Action française était présentée comme une manœuvre germanophile du Vatican. Cette thèse ne fut d'abord ni confirmée ni infirmée par l'Action française ; cependant l'une au moins de ses sections fit reproduire l'article en tract et l'envoya à tous les prêtres de sa région. Peu à peu, l'Action française laissa entrevoir tacitement qu'elle épousait la thèse d'Emile Buré, et enfin, elle arriva à la soutenir ouvertement.

On peut remarquer cependant que ces moyens de défense furent employés surtout parmi les indifférents au catholicisme ou chez les catholiques ignorants de leur foi. Des fidèles sérieux ne pouvaient attacher que peu de valeur à une explication politique d'une condamnation doctrinale ; dans les autres milieux au contraire, aucune thèse n'avait plus de chances d'être admise. Elle était simple, et en transportant sur le terrain national une question religieuse, elle avait plus de chances de rallier à elle les patriotes soucieux de l'indépendance de la politique française, et les radicaux ou socialistes farouchement anti-romains. L'Action française, très habilement, exploitait les sentiments que jadis excitaient Clemenceau et les républicains avancés contre le chef religieux étranger.

*L'*Action Française *est-elle responsable des campagnes menées auprès d'elle ?*

La campagne qui imputait à la germanophilie du Vatican la condamnation de l'*Action française* rallia un grand nombre de journaux et de revues, l'*Europe nouvelle*, la *Revue du Siècle*, le *Mercure de France*, etc. Ces organes avaient-ils uniquement en vue l'intérêt national, et ne peut-on soutenir que nous aurions tort d'imputer à l'Action française la responsabilité de leurs actes ?

Comment songerions-nous à reprocher à des publications hostiles à l'Eglise l'utilisation d'arguments plus ou moins bons en faveur de leur mauvaise cause ? Le mépris dans lequel ils enveloppent habituellement le pontificat romain ne leur interdisait nullement de chercher à une condamnation doctrinale des causes de politique intéressée...

La responsabilité en incombait à l'Action française puisqu'elle contribuait, par ses nombreux moyens, à répandre et accréditer cette thèse, alors qu'elle aurait dû dès le premier jour la démentir énergiquement. L'Action française se plaignait d'abord au cardinal Andrieu de ce qu'elle était victime des libéraux, des démocrates, des modernistes : l'intérêt de sa cause était de dévoiler et faire reconnaître les intrigues de ceux qu'elle dénonçait. En attribuant à la condamnation une cause nouvelle, en soupçonnant une cabale allemande qui jouait à Rome même, elle s'exposait à ce que le Pape jugeât sans valeur la défense d'abord esquissée. Il est visible que l'Action française n'avait aucune confiance dans la portée des accusations lancées pour tromper la galerie et qu'elle préférait plutôt que conquérir le jugement de Pie XI, exciter l'opinion à laquelle on pouvait à la rigueur, entre tant de fables incroyablement grossières, faire admettre que démocrates, libéraux, modernistes et Allemands n'étaient qu'un front unique.

Les crimes des Papes

Bientôt la campagne contre Pie XI s'appuya d'arguments d'apparence historique. On eut la surprise de voir, d'abord dans la propagande parlée, puis dans des journaux provinciaux d'Action française, et enfin dans l'*Action française* elle-même, réapparaître les vieux clichés éculés qui traînèrent si longtemps dans les feuilles antireligieuses. C'est la *Dépêche de Vendée* du 31 octobre, qui en première page s'affirmait avant tout un organe essentiellement catholique et qui dans sa seconde page rappelait l'histoire de Galilée ; la *Dépêche de Vendée* concluait :

« L'Histoire étant un éternel recommencement, qu'il nous soit permis d'espérer de même la réhabilitation prochaine des doctrines mieux connues et mieux appréciées de l'Action française... »

Ce rappel tendancieux de l'histoire de Galilée n'est pas un fait isolé. On le retrouve notamment dans l'article solennellement signé l'*Action française*, paru le 15 décembre 1926. Dans le paragraphe : Ce que disent les catholiques d'A. F., on lit :

« Nous réclamons le droit de trouver bons les arguments politiques de Maurras comme les démonstrations astronomiques de Galilée. Ces vérités d'ordre naturel, expérimental, s'imposent à nous et personne ne peut rien contre elles. »

Ailleurs, on évoqua les Borgia. L'Action française se fit un malin plaisir de rechercher dans les ouvrages des historiens tout ce qui pouvait être relevé de désobligeant pour Rome, et d'ailleurs elle ne put nourrir bien abondamment sa rubrique. L'Action française oubliait que le devoir des historiens est de dire ce qu'ils pensent être la vérité, mais qu'autre chose est de raconter un fait regrettable et d'exploiter ce fait ou le récit de ce fait pour les besoins d'une mauvaise cause. Sans autre nécessité que celle de justifier sa révolte, l'A. F. ramenait, sur le terrain des passions, des récits impartiaux qui ne s'adressaient qu'à des lecteurs réfléchis et en aucune façon portés à en tirer des conséquences abusives.

On vit encore l'Action française qui s'est toujours fait une gloire particulière d'honorer Jeanne d'Arc reprendre dans le sens le plus blessant pour l'Eglise les reproches faits à l'évêque Cauchon et affirmer audacieusement que le Pape avait approuvé la condamnation et le supplice de Jeanne d'Arc. Ainsi l'Action française reprenait contre la sainte de la patrie les bas arguments des anticléricaux de toujours.

« *Non possumus* »

L'Action française esquivait donc par tous les moyens les censures religieuses. A la lettre du cardinal Andrieu, elle opposait une défense ouverte ; elle tenait pour acquis que cette lettre était pleine d'erreurs ; que le cardinal Andrieu en avait puisé les éléments dans une brochure de l'écrivain belge Passelecq qu'il lui suffisait de réfuter en traitant M. Passelecq de bochophile. L'approbation donnée par le Pape au cardinal Andrieu n'entraînait pas l'adhésion des catholiques d'A. F., puisqu'ils considéraient que le Pape approuvait un texte plein d'erreurs grossières. Aux explications que tentait Franc dans *la Croix*, Maurras répondait par des injures et des menaces. De même, tout ce que pouvait tenter l'*Osservatore Romano* pour éclairer les esprits était rendu suspect aux yeux des adhérents de l'A. F. par les accusations lancées contre ce journal. De savantes manœuvres exploitaient ce que quelques évêques, soucieux d'apaiser des âmes blessées, pouvaient dire de favorable pour l'A. F., même si ces lignes n'étaient qu'une incidente au cours d'une longue exhortation à l'obéissance.

Devant ces confusions savamment entretenues, S. S. Pie XI voulut faire nettement la lumière. Solennellement, au cours du consistoire secret tenu le 20 décembre, il prononça une allocution qui ne laissait aucun doute sur ce qu'il demandait aux catholiques de France.

Après une parole aussi nette, aucun subterfuge n'était plus possible. L'Action française le comprit. L'histoire s'étonnera qu'elle ait été insensible au ton paternel et à la bienveillance que Pie XI lui témoignait dans son allocution vraiment touchante et émouvante. Hélas, faut-il croire que déjà Pie XI ne parlait plus à des fils ? Le contraste est très vif en tous cas entre les paroles du Pape et la réponse qui allait être faite.

Cette réponse tenait en deux mots, audacieusement pris au langage même de l'Eglise qui les emprunte au Prince des Apôtres : *Non possumus.* Ceux qui imaginèrent d'employer cette formule savaient que les âmes croyantes en recevraient une forte impression. *Non possumus :* ces mots ont été employés souvent et toujours à bon escient. Ils disent l'obligation faite à tout chrétien de confesser Jésus-Christ même au péril de la vie. Les martyrs, refusant d'apostasier, marchaient au supplice en répétant les paroles du Premier des Papes : *Non possumus.* Et voici que l'Action française, avec une audace qui explique beaucoup de choses, les usurpe tranquillement et laisse ainsi penser que son attitude est commandée par les inéluctables nécessités.

Le masque était jeté d'ailleurs en plusieurs endroits. L'A. F. notamment dénonçait sa tactique qui était de s'en prendre aux journaux catholiques des décisions du Saint-Siège. Le *Non possumus* contenait cette phrase :

« Nous avons, quant à nous, supporté patiemment, avec l'injustice et l'erreur, de véritables injures, et, parce que *l'erreur provenait de très haut,* nous évitions même de la rectifier explicitement ; *nous nous contentions de la saisir et de la mettre à nu d'après les petits écrits* inspirés et dérivés de lamentables méprises. »

« *L'erreur provenait de très haut.* » L'A. F. en arrivait donc à déclarer clairement que le Pape se trompait en la condamnant.

Elle expliquait que cette erreur n'avait rien de si extraordinaire : « Nous l'avons déjà dit, le pape régnant n'est pas à l'abri de l'erreur humaine dans les questions politiques. »

Le Pape prétendait bien qu'il ne s'agissait pas de questions politiques ; mais quelle valeur accorder à la parole de celui qui, en politique, se trompait si lourdement ?

« Si l'Eglise a la promesse de la vie éternelle, les hommes d'Eglise — l'histoire entière le prouve — peuvent être mal renseignés, se laisser circonvenir par des influences malhonnêtes, s'engager dans des entreprises nuisibles, car tout cela s'est produit au cours des âges », disait le *Non possumus.*

Mais l'A. F., avant septembre 1926, se serait bien gardée d'évoquer ces souvenirs, à propos de la condamnation de Lamennais ou de celle des modernistes. Grâce au jeu des erreurs qui ont pu se produire au cours des âges, Rome voit-elle juste ou se trompe-t-elle selon que nous l'approuvons ou non ?

Le système de l'A. F. nous amène à ce que ce soit non point Rome qui décide, mais chacun de nous selon notre caprice.

Dans ce même document, les catholiques d'A. F. marquaient les limites de leur bonne volonté. Ils jugeaient qu'en offrant de rétablir la chaire du Syllabus et, en certains endroits, de solliciter de l'autorité épiscopale des conseillers religieux, l'A. F. avait satisfait pleinement aux désirs du Pape et qu'on ne pouvait lui demander davantage.

« Puisqu'il ne s'agit plus de corriger ni d'assainir au point de vue religieux un mouvement politique, de faire disparaître ce qu'il pouvait avoir de contraire au dogme et à la morale chrétienne, mais de le supprimer dans la mesure où on le peut, la question a changé.

« Elle a changé du tout au tout. »

Les catholiques d'A. F. reprenaient ainsi ce qui pouvait subsister de leur soumission primitive. Ils estimaient que le Saint-Siège atteignait un but politique par des moyens religieux. Ils se déclaraient soumis sur le terrain religieux, mais, sur le terrain politique, ils s'attribuaient « le devoir de conserver l'usage de notre juste liberté ».

Cette « juste liberté », qui ne leur était nullement contestée, consistait selon eux à continuer de soutenir l'Action française. Avec la même audace dont nous avons eu tant de témoignages, ils déclaraient que, pour obéir au Pape, il leur faudrait « commettre un péché comparable en gravité à un crime tel que le parricide ». Ils ajoutaient cette parole qui est peut-être une des plus fortes injures qu'ait reçues jamais le Pontife romain :

« Le père qui demande à un fils de tuer, ou, ce qui revient au même, de laisser tuer sa mère, peut être écouté avec respect : il ne peut pas être obéi. »

Il semble incroyable qu'un catholique qui vit sa foi, qui croit que le Christ assiste son Vicaire en ce monde, ait supposé le Pape capable d'une aberration assez grande pour commander à un fils de tuer ou de laisser tuer sa mère. Cette parole odieuse est cependant attribuée aux catholiques d'Action française par le document en question.

Mais le *Non possumus* préparait ainsi l'équivoque dans laquelle on allait retenir les âmes : on imaginait pour elles un conflit douloureux entre l'Eglise et la Patrie dans lequel il importait surtout de ne pas délaisser la Patrie en butte à des ennemis nombreux et puissants, en tête desquels les autorités romaines. On identifiait avec la Patrie ce qui n'était que l'Action française que l'on prétendait, avec une présomption risible : « la seule force organisée capable de sauver le pays, seule redoutée des éléments de désordre. De cela, nous avons l'évidence. Si ce n'est pas certain, rien n'est certain. » Non, ce n'est pas certain, et cependant il reste une certitude : c'est qu'on peut faire prendre la butte Montmartre pour le Mont-Blanc.

Comment on reçoit une condamnation de l'Index

Cet acte de révolte caractérisée était revêtu de formes assez hypocrites pour séduire les âmes soumises à la fascination de l'A. F.

Le 5 janvier 1927 était promulgué le décret de l'Index, daté du 25 janvier 1914, et condamnant certaines œuvres de Maurras et la revue *l'Action française*. Pie XI confirmait cette condamnation et de plus, l'étendait au journal quotidien, « en raison des articles écrits et publiés ces jours derniers, articles que tout homme sensé est obligé de reconnaître écrits contre le Siège apostolique et le Pontife romain lui-même ».

Charles Maurras fit communiquer à tous les journaux, en les priant de la reproduire, la réponse qu'il faisait à cette condamnation et qu'il publia dans l'*Action française* :

« Que valent des documents qui ont dormi dans l'ombre pendant treize années, se demandait-il, et qui en sont sortis de façon aussi opportune que merveilleuse ?... »

Il laissait entendre qu'il les soupçonnait de faux. M. Maurras, à diverses reprises, est revenu sur la question, faisant état de témoignages anonymes selon lesquels Pie X lui-même aurait brûlé le décret de condamnation qu'il se refusait de promulguer. Longtemps M. Maurras avait paru soutenir (v. ci-dessus) que le Saint-Office avait refusé de condamner ses livres.

M. Maurras se gaussait des Consulteurs qui avaient jugé mauvais ses *Amants de Venise*, un très bon livre selon lui, et il feignait de croire qu'ils l'avaient condamné sans le lire en se laissant tromper par ce qu'ils supposaient sous un pareil titre. Cette défense enfantine ne fit sourire personne, tant il apparaissait que Maurras ne comprenait pas la gravité des mesures prises et s'imaginait pouvoir polémiquer selon son ordinaire.

M. Daudet répondait lui-même à cette condamnation de l'Index en soutenant que les motifs de Rome n'étaient aucunement religieux et que l'on poursuivait contre l'A. F. une intrigue d'origine allemande au profit des intérêts allemands.

*L'*Action Française *substitue ses théologiens aux directives romaines*

Un curieux passage du *Non possumus* est à rappeler ici. L'A. F. y annonce qu'elle continue son action, que personne n'a le droit de lui demander de changer ni son but national, ni sa méthode légitime, ni ses chefs ; que personne ne l'obtiendra ; elle affirme ensuite que le pape régnant n'est pas à l'abri des erreurs humaines en rappelant les exemples de l'histoire (nous avons souligné plus haut se passage). Puis, le *Non possumus* déclare :

« Cependant, *ces points posés, leur application* ne saurait être dirigée par l'Action française.

« L'Action française n'a rien et n'entend rien avoir d'une autorité religieuse : ce n'est donc pas auprès de l'Action française que les consciences catholiques ont à s'informer de leurs devoirs religieux. »

« Les consciences catholiques » ne pouvaient davantage s'informer de leur devoirs religieux auprès des autorités légitimes, car celles-ci n'eussent point reconnu les « points posés » par l'Action française.

Pour sauvegarder ces « points posés », il fallait que les catholiques fussent informés de leurs devoirs religieux, sinon par l'Action française, au moins par des théologiens qui lui fussent dévoués jusqu'à accepter de soumettre la doctrine aux « points posés». L'Action française ayant raison, il s'agissait d'adapter à ses décisions l'enseignement de l'Eglise.

Le 11 janvier, l'*Action française* publiait au milieu de sa première page des articles qui revêtaient la forme de consultations théologiques. Aucune signature ne les suivait, mais on les présentait « comme des documents qui portent témoignage en eux-mêmes ».

Ces documents prétendaient autoriser en conscience la résistance aux directions pontificales.

On y soutenait que « le suicide (décapitation) ne peut être imposé à une personne morale qui a offert toutes les satisfactions requises et suffisantes pour atteindre le but (préservation des âmes) poursuivi par le supérieur ». Ces satisfactions, on déclarait qu'elles avaient été « reconnues telles par les cardinaux et les évêques qui se sont prêtés à leur mise en exécution ».

On déclarait l'A. F. victime d'une injuste agression contre laquelle il est permis de se défendre. Cette défense de l'A. F. était déclarée de droit naturel, qui prime le droit positif.

Alors qu'un grand nombre de *Semaines religieuses* publiaient dans une forme analogue des communiqués qui résumaient la pensée du Pape et de l'ensemble de l'épiscopat, ces prétendues consultations enseignaient ouvertement :

« Le droit naturel, qui prime le droit positif permet à l'A. F. de se défendre.

« Par suite il est permis de l'aider dans sa défense et d'écouter sa défense en lisant le journal.

« Il n'est pas permis à un Français, au mépris de la piété, de se prêter à un parricide, de conniver à la ruine de son pays en renonçant à la seule chance et à la seule force qui peut le soutenir encore. »

On remarquera l'audacieuse confusion qui se perpétuait entre les choses religieuses et politiques. On accusait la Papauté d'intervenir dans le domaine politique qui n'était pas de son ressort ; mais on prétendait imposer aux catholiques, au nom de la religion et de la morale le devoir de soutenir malgré tout l'Action française.

Jamais la révélation des cœurs, dont avait parlé Pie XI, n'était apparue d'une manière plus nette. Par ces consultations, on n'opposait plus seulement doctrine à doctrine, autorité à autorité : on créait de toutes pièces un nouvel enseignement religieux. Et cet enseignement religieux ne pouvait procéder que selon la licence donnée par l'organisation en révolte.

Les théologiens secrets

Si détestables qu'elles fussent, ces prétendues « consultations » avaient encore le mérite de se produire au grand jour et d'être ainsi aisément réfutables. L'agnosticisme foncier de l'Action française se trouva mieux de consultations, parfois signées celles-là, d'autres fois encore anonymes mais qui n'étaient publiées qu'en cachette et qui circulaient sous le manteau.

Il est important de s'y arrêter, parce que ces manœuvres ont en général échappé au gros du public, et parce qu'on y rencontre à la fois une tentative d'écarter les âmes de leurs chefs religieux naturels, et un significatif abus des noms de quelques éminents religieux.

Ainsi, il circula longtemps une lettre du P. Yves de la Brière, lettre privée dont l'auteur n'avait nullement autorisé la communication ; les copies dactylographiées de cette lettre offraient des textes si différents qu'il fallait bien qu'elle eût été adultérée au cours du chemin qu'on lui faisait faire. Le P. de la Brière dut protester publiquement et préciser sa pensée sur l'*Action française*. Les dissidents l'en punirent en le qualifiant de « théologien du roi de Prusse ».

Une consultation que l'on prétendait signée de deux professeurs de l'Institut catholique de Toulouse provoqua une protestation et une attestation de fidélité au Saint-Siège par le recteur et tous les professeurs de cet Institut, y compris ceux dont on osait prononcer les noms. Cette protestation publique n'arrêta pas d'ailleurs la circulation de la fausse consultation.

Successivement, le P. Janvier, l'abbaye de Solesmes durent se défendre d'être les théologiens sur lesquels prétendait s'appuyer l'Action française. Dans certains des documents secrets qui circulaient figurait le nom du P. Pègues : celui-ci crut devoir attester publiquement à son tour sa fidélité au Pape et à ses enseignements.

L'*Action française* se gardait bien de mentionner ces démentis ; elle s'attachait à en diminuer la valeur et la sincérité, en affirmant en toute occasion que d'éminents prélats, de nombreux religieux et prêtres restaient ses partisans ; selon elle, ils n'étaient pas sincères en s'affirmant fidèles au Pape, et ne faisaient ces déclarations que par contrainte et sous des menaces diverses. L'Action française alla jusqu'à parler d'un « mouchardage qui rappelait les plus mauvais temps du combisme ». Elle n'hésitait donc pas à jeter sur tous ceux qui avaient pu lui témoigner quelque sympathie le soupçon le plus odieux d'insincérité et de manque de courage. Le but de l'A. F. pouvait être de rendre suspects aux yeux du Vatican ceux qu'elle croyait avoir enrégimentés, et de les amener ainsi à des imprudences qui les feraient rompre avec l'Eglise. Peut-être en attendait-elle les cadres d'un schisme.

En laissant entendre que les désaveux publics étaient de pure forme, l'A. F. conservait aux prétendues consultations théologiques quelque crédit sur les pauvres âmes ébranlées. En même temps, elle essayait de créer dans l'Eglise de France un esprit de suspicion, puisqu'elle laissait entendre que de nombreux prélats, prêtres ou religieux en apparence soumis étaient secrètement en révolte contre le siège pontifical. L'insincérité de ces soumissions n'était pas soupçonnée par les ennemis de l'Action française, mais dénoncée par l'Action française elle-même qui pouvait prétendre en recevoir des témoignages certains. Jamais une organisation n'a montré un si grand mépris pour ses propres partisans en leur imputant une pareille duplicité.

« *La fidélité française* »

Si l'Action française faisait semblant, en ce qui concernait certains prêtres ou religieux, de se contenter d'une adhésion secrète ou même voilée sous des protestations contraires, elle tint à montrer publiquement qu'un bon nombre de ses partisans acceptaient docilement les nouvelles positions religieuses qu'elle entendait leur faire prendre.

A partir du 14 janvier 1927, et pendant plusieurs mois, ce qui ne prouve qu'une assez lente spontanéité, l'Action française publia sous le titre : *la fidélité française*, les adresses que lui envoyaient des sections et des groupements divers constitués dans son organisation.

Un bon nombre de ces adresses maintenait la distinction principale qui devenait un dogme nouveau à l'Action française : soumission au Pape en ce qui concerne la foi et la morale, revendication en matière politique de la liberté et fidélité à l'Action française. On admettait aveuglément que l'autorité religieuse, ayant prononcé dans des matières qui n'étaient pas de son domaine, n'avait pas à être suivie.

Ces adresses étaient conçues en des termes divers, parfois ironiques, parfois d'autant plus respectueux qu'ils étaient par ailleurs plus offensants, parfois nets et brutaux. C'est à propos de certaines d'entre elles que Mgr Ruch put parler des « âmes des enfants de quinze ans et de collégiens à qui on apprend l'art de se révolter contre une autorité légitime et sacrée , âmes de jeunes filles qui s'exercent à insulter le Pape en lui faisant une révérence, âmes de candides lecteurs qui se croient mis en demeure de choisir entre trahir leur drapeau ou renoncer à leur foi... »

Ces adresses de *la fidélité française* permettaient de nombreuses constatations : 1° Un bon nombre de sections protestataires se déclaraient composées unanimement ou en très grosse majorité de catholiques, ce qui confirme la sensation générale que donne le mouvement d'A. F. qu'il est non pas une alliance de croyants et d'incroyants, mais une masse de catholiques dirigée par des incroyants ;

2° Le sens catholique apparaît comme complètement aboli ou perverti. D'une des premières adresses publiées, il suffit d'extraire ces lignes : « Tous se consolèrent des sanctions prises ou à prendre en pensant qu'en fin de compte Dieu saurait bien reconnaître les siens. » Cette déclaration émane d'une section que l'on nous dit en totalité *catholique :* or, il est difficile de rejeter plus nettement le magistère de l'Eglise.

3° Les prohibitions de l'Action française à l'égard

de certains livres de Maurras se sont révélées inopérantes ; un protestataire écrit : « *L'Avenir de l'Intelligence, les Amants de Venise, Anthinéa*, de mauvais livres ! On croit rêver ! »

Or, peu de temps auparavant, Maurras lui-même, à propos d'une réédition d'*Anthinéa* avait répété que ce livre était à l'Index de l'Action française, qu'il ne convenait pas aux lecteurs catholiques, etc. L'admiration de ses partisans pour Maurras n'admet même pas le frein que pourrait lui donner leur chef.

L'équivoque patriotique

La défense de l'*Action française* établie sur sa prétendue nécessité pour la défense de la patrie, la campagne contre la germanophilie du Vatican reprit de plus belle.

On reprochait au cardinal Gasparri d'avoir manifesté pendant la guerre et depuis des sympathies ultra-allemandes.

On accusait le Pape d'avoir, lorsqu'il était nonce en Pologne, si fortement servi l'Allemagne que la Pologne avait dû exiger son rappel.

On soutenait que le Vatican voulait une politique étrangère qui nécessitait la disparition de la France. Pie XI était montré comme partisan acharné de l'annexion de l'Autriche à l'Allemagne, et comme poursuivant la création d'un Saint Empire germanique qui aurait imposé sa loi à l'Europe.

Emile Buré dans l'*Avenir* et un certain M. Chuzeville, qui se prétendait catholique, dans une brochure où il invoquait une prophétie de Dostoiewsky, allèrent jusqu'à soutenir que Rome avait partie liée avec la révolution bolcheviste et préparait le communisme. M. Coty, dans *le Figaro*, appuya indirectement cette thèse en attaquant avec violence des prêtres du Nord suspects de trop grande sympathie envers les syndicats chrétiens et dont le manque de déférence envers le patronat était montré comme un signe précurseur du communisme.

Toutes ces attaques étaient, bien entendu, reprises, coordonnées, orchestrées par l'Action française, qui en assurait la diffusion. Parfois, l'A. F. se désolidarisait timidement d'attaques trop violentes ; mais en agissant ainsi, elle niait si faiblement les conséquences des propres théories qu'elle professait que le public nécessairement allait plus loin qu'elle n'osait se le permettre. L'Action française a toujours pratiqué cette habileté de suggérer à ses lecteurs plus qu'elle ne leur en disait et d'avoir l'air ainsi de se laisser entraîner par eux, même quand elle venait de les aiguillonner.

Dans la question d'Alsace, rendue si délicate par les criminelles attaques du Cartel, l'Action française sut également trouver un aliment pour sa campagne. Nous ne doutons aucunement qu'elle n'ait été inspirée par son patriotisme en combattant les autonomistes. Mais sa façon de combattre les autonomistes se teinta, après le 1er septembre, d'hostilité contre le clergé alsacien et contre le Pape. L'éminent évêque de Strasbourg, Mgr Ruch, était couvert de fleurs, mais c'était pour opposer son attitude à celle du Vatican, que l'on prétendait contraire. Mgr Ruch dut protester par deux fois : une première fois, il rétablissait les faits, montrait quelle accumulation d'inventions et d'erreurs on ramassait pour l'opposer au Saint-Siège, et, passant du particulier au général, il concluait en disant que toute la campagne d'A. F. contre le Pape n'avait pas plus de valeur. L'A. F. se garda bien de reproduire ce dernier paragraphe de la lettre de Mgr Ruch.

Le 20 février, au Congrès général de l'A. C. J. F. à Colmar, l'évêque de Strasbourg revenait sur la question, en un discours retentissant. Il y parlait de « l'abracadabrante, l'invraisemblable, l'impossible histoire » que l'A. F. substituait « aux affirmations si simples, si naturelles et si bien démontrées de l'évêque de Strasbourg ». Il ajoutait, et ces paroles valent d'être reproduites :

« Le journal (l'*Action française*) ne peut pas dire qu'en inventant cette histoire il veut servir la France. Faire croire que le Pape soutient les autonomistes alsaciens, c'est au contraire les favoriser, leur apporter la plus précieuse des alliances.

« Pourquoi donc l'A. F. a-t-elle lancé pareille fable... je suis obligé de constater qu'elle *n'agirait pas autrement si elle cherchait un prétexte de haïr un peu plus le Saint-Siège et de le faire détester de tous les patriotes français.* »

Mgr Ruch dénonçait le principe de la campagne. Il parlait avec une éloquente violence, hélas ! trop justifiée :

« Ah ! c'est qu'il y a des heures où les justes colères font explosion. Oui, c'en est assez ! Je suis las de voir l'*Action française* louer ma personne et se servir d'elle pour attaquer le Souverain Pontife. Et je deviendrais son complice si je me prêtais à cet abominable jeu. J'ai en horreur des éloges plus blessants que des injures. Que l'*Action française* me traîne dans la boue tant qu'il lui plaira : je serai en excellente compagnie et je ne m'en porterai pas plus mal : aux insultes personnelles, je n'oppose jamais que le silence et à tous mes adversaires je n'ai jamais infligé que mon pardon. Mais quand, sans preuve aucune, contre l'évidence et au risque de nuire à la patrie, ce journal essaye de faire de moi la pauvre victime d'un Pape allié aux autonomistes alsaciens ; quand, à des histoires vraies ou fausses d'espions, de filles, d'argent étranger, on ose mêler le nom de l'auguste et vénérée personne du Vicaire de Jésus-Christ, comment voulez-vous que je ne hurle pas à tous les échos mon indignation d'honnête homme ,de bon citoyen et de vrai catholique ? »

Ce journal est devenu, disait encore Mgr Ruch, *la feuille la plus anticléricale de France.* L'*Action française* devait s'attacher de plus en plus à mériter cette épithète trop justifiée. Nous n'avons pas à la suivre plus loin dans l'explosion de sa haine. Il est inutile de relever la campagne d'ironies plus ou moins basses menée contre les évêques auxquels on reprochait de condamner certains journaux et non point d'autres, contre les journaux catholiques dont on épluchait jusqu'aux annonces. Un peu plus ou un peu moins n'importe pas à l'affaire. Nous pouvons sur ce que nous avons exposé conclure sans crainte : l'Action française *qui se proclamait le soutien de l'Eglise catholique tant qu'il lui était possible de se servir d'elle, n'a pas hésité à l'attaquer de toute sa puissance dès qu'elle a eu intérêt à séparer les fidèles de leur Père spirituel.* Il était donc démontré : 1° que l'A. F. plaçait son existence au-dessus des intérêts les plus sacrés de la foi, et notamment de l'union des croyants dans la fidélité romaine ; 2° que les catholiques adhérents à l'A. F. avaient été assez détournés de leurs chefs religieux, assez atteints dans l'intégrité de leur foi, pour préférer à l'Eglise leurs chefs politiques. Ainsi apparaissait en toute son ampleur le libéralisme intégral qui faisait le fond de l'*Action française* : pour suivre Maurras il fallait en effet considérer la foi chrétienne comme accessoire et facultative, et la foi monarchique comme indispensable et nécessaire. On entendait à l'opposé de la tradition catholique la devise : *Unum est necessarium.*

Leur véritable force

Beaucoup d'agitation, une rare puissance d'affirmation et quelques manifestations extérieures plus ou moins bruyantes et retentissantes, donnaient à penser à plusieurs que l'A. F. était une force.

Elle le fut sans doute, il serait puéril de le nier ; mais ce serait naïveté de s'en laisser imposer. Un bluff assez bien organisé a pu donner l'illusion, les apparences de la puissance ; la réalité est moins impressionnante.

Le retentissement du « *Non possumus* » a pu donner le change. C'est que des concours inattendus, des adhésions sont venus aux nationalistes intégraux, le jour où ils se sont dressés contre Rome, et voilà qui ne laisse pas de scandaliser les fidèles. Le « beau défenseur de la foi » a rallié à sa cause des hommes qui en sont les ennemis déclarés. C'est vrai ; mais, unis pour l'œuvre négative de la rébellion, ces athées lâcheraient pied le jour où l'A. F. voudrait reprendre ses campagnes d'opposition constitutionnelle, ou ses belles campagnes de défense religieuse d'autrefois. Non, l'A. F. n'est pas une puissance. Mais quelles sont, au vrai, les forces sur lesquelles elle peut absolument compter ?

La faiblesse électorale de l'A. F.

Quoi qu'on dise et quoi qu'on pense, selon les temps, des élections, elles sont un moyen pour les partis qui ont un programme, de faire un dénombrement de leurs troupes. Celles de l'A. F. sont une quantité numériquement infime. Elles n'ont d'influence dans les batailles électorales que dans la mesure où la tactique de leurs chefs divise les voix catholiques, rôle négatif et souvent funeste.

Quelques départements, de plus en plus rares, sont encore fidèles à l'idée monarchiste, ce qui ne veut pas toujours dire (qu'on se rappelle l'élection sénatoriale du Maine-et-Loire) à l'A. F.

Là où ils ont osé aller seuls à la bataille, encore que ce ne fût pas toujours bannières déployées, les néo-royalistes ont connu de pitoyables échecs — exception faite pour quelques très rares circonscriptions.

Les élections de 1924 à Paris

Il apparaît nettement, en tout cas, que la propagande de l'*Action française*, bien loin de grossir les effectifs électoraux du Parti royaliste, les a considérablement diminués — et, dans certaines circonscriptions, on pourrait presque écrire : quasi-dispersés. Jamais — il faut bien le dire — jamais l'électeur français n'a moins voté pour la monarchie que depuis que l'*Action française* a accaparé la direction du parti. Quelques chiffres illustreront cette constatation.

Nul n'a oublié les campagnes fougueuses menées jadis, à la Villette, par un royaliste de la vieille école : Jean de Sabran-Pontevès. En 1902, celui-ci réunissait sur son nom 6.280 suffrages. En 1924,

M. de Vesins en groupait modestement 550 au nom de l'*Action française*. Déchet : 5.730 voix.

C'est également dans l'un des faubourgs parisiens les plus populaires, dans le 20ᵉ arrondissement, que se battaient des royalistes de tradition comme MM. Castillon de Saint-Victor et de Villemaudy ; ils obtenaient respectivement, aux élections de 1906, 3.146 et 2.673 voix. Arrive l'*Action française*, dont M. de Roux porte les couleurs : les chiffres s'effondrent, en 1924, à 523 et 730 voix. Déchet : 4.566 voix.

Mêmes constatations dans les quartiers dits « aristocratiques » où étaient élus traditionnellement des conservateurs catholiques : M. Paul Lerolle dans le 7ᵉ arrondissement, M. Denys Cochin dans le 8ᵉ. Le premier s'appuyait sur une solide majorité conservatrice de 6.000 voix ; le second, de 7.000. Que sont-elles devenues ?... Un parti royaliste vigoureux et vraiment respectueux des traditions nationales et des convictions religieuses de la plupart des conservateurs français eût pu tout naturellement les absorber... Ce ne fut pas le cas de l'*Action française,* dont l'un des deux grands chefs, M. Daudet, conquit, en 1924, 1.266 voix dans le 7ᵉ arrondissement, tandis que M. de Vesins en obtenait 1.448 dans le 8ᵉ. Déchet : 10.000 voix environ. Loin de galvaniser les énergies conservatrices, l'*Action française* les décourage et les fait fuir... Qui ne le comprendrait ?

Un dernier exemple : un royaliste nationaliste comme M. Jules Auffray pouvait conquérir, en 1902, dans le 5ᵉ arrondissement de Paris, le siège de M. Viviani, avec 5.567 voix. Mais, en 1924, la renommée claironnante de M. Daudet réunissait péniblement 851 voix. Déchet : 4.716 voix.

Drapeau dans le tiroir

Dira-t-on que ces candidats, plus heureux que ceux de l'A. F., n'arboraient pas toujours ouvertement le drapeau de la monarchie ?... Et l'*Action française* donc ! Pas une de ses listes n'a osé inclure dans son titre le mot de royauté ou de monarchie. Partout, elle s'est ingéniée à faire oublier le plus possible son caractère spécifiquement royaliste pour soutenir des revendications exclusivement nationales ou mettre surtout l'accent sur la revendication des libertés religieuses.

Dira-t-on aussi qu'aux suffrages obtenus par les anciens candidats conservateurs se mêlaient, en raison des circonstances politiques, de nombreux suffrages de patriotes ou de catholiques écœurés par la politique « combiste », mais non conservateurs ou royalistes au fond ? Mais l'A. F. a fait appel, elle aussi, à tous les suffrages même républicains. Elle a même fait place sur ses listes à des hommes qui n'appartenaient pas à ses formations ou qui étaient assez peu d'accord avec elle, puisque, depuis, ils l'ont quittée. Ainsi elle s'efforçait d'élargir les bases de sa propagande électorale, se rendant bien compte d'avance que, par ses seules forces, elle était absolument incapable d'obtenir le moindre résultat. Elle a même parfois confié la direction de la bataille à quelques-uns de ces hommes qui n'étaient pas ou qui ne sont plus avec elle, afin de gagner des voix dans les partis voisins. Dans la banlieue de Paris, l'*Action française* choisit comme « tête de liste » M. Georges Valois qui, depuis, ayant eu l'audace de reprendre sa liberté, n'est plus, à ses yeux, qu'un « primaire » et un « agent policier » ; aux côtés de M. Georges Valois, on remarque M. Louis Latzarus, dont un livre récent nous aurait convaincus — si nous ne l'avions été déjà — qu'il était sans illusions quant aux chances de restauration monarchique par l'*Action française*. A Paris même, M. Charles Le Goffic prêta, de même, son nom à l'*Action française* pour renforcer la liste où figurait M. Daudet, et, dans un autre secteur, M. Charles Sancerme, publiciste qui n'appartient pas à l'école de M. Maurras, dut prendre la tête des vaillants qui se sacrifièrent, sur les champs de bataille de la politique électorale, au nom de l'*Action française*

L'éloquence des chiffres

En dépit de ces concours supplémentaires, de la discrétion apportée dans la qualification des listes qui, en fait, étaient des listes d'*Action française*, de l'argent répandu à flots, du tapage fait autour des principales candidatures, le résultat fut piteux dans les quatre secteurs du département de la Seine. Les listes d'A. F. n'obtinrent, en effet :

= dans le 1er secteur, que 7.922 sur 196.986 (4 %)
= dans le 2e secteur, que 6.026 sur 171.927 (3 %)
= dans le 3e secteur, que 13.521 sur 201.612 (6 %)
= dans le 4e secteur, que 11.029 sur 342.584 (3 %)

Bien entendu, pas un élu. M. Daudet lui-même, député sortant, était battu.

Les élections de 1924 en province

En province, même échec.

A côté du Maine-et-Loire (2e *circonscription*) où la liste monarchique (mais peut-on dire d'A. F. ?) a obtenu 30.168 suffrages sur 52.243 votants, et la Loire-Inférieure (2e *circonscription*), 48.167 sur 78. 360, la Seine-et-Oise n'a donné que 7.620 voix sur 220.829 et la Haute-Vienne 2.058 sur 86.530.

Les opinions politiques sont libres de leur nature ; c'est entendu. Les démocrates, les républicains catholiques n'en sont pas moins, comme tels, l'objet de tous les mépris de M. L. Daudet, et l'on sait que le leader monarchiste a cent façons, toutes plus courtoises et « distinguées » les unes que les autres, d'exprimer son mépris.

Cela n'est pas fait pour faciliter la collaboration et l'unité de front catholique sur le terrain électoral. D'autre part, qu'on se souvienne de M. Daudet, député ; la surenchère est sa méthode préférée. Excellent moyen de faire pièce aux adversaires politiques et d'accentuer l'opposition factice des catholiques monarchistes et des républicains anti-cléricaux. Décidés, en principe, à renverser la République, les dirigeants de l'A. F. n'entendent à aucun prix contribuer à l'amender. Songez donc, si la République devenait libérale, habitable, la dernière barrière tomberait qui empêche les derniers opposants catholiques de lui donner leur adhésion totale.

D'un autre côté, il est vrai, l'alliance avec l'A. F., en période électorale, compromettrait irrémédiablement les démocrates réalistes, champions des libertés religieuses, qui croient à la possibilité de perfectionner nos institutions et qui répugnent absolument à la politique du pire. C'est leur droit.

On peut le regretter, mais, dans ces conditions, la collaboration est impossible.

Dès lors, l'A. F. fera cavalier seul, et c'est peu, nous l'avons vu. Mais, dans plusieurs cas, sa tactique a compromis le succès de candidats catholiques ou sympathisants. Les derniers élus de l'A. F. ce sont : un socialiste, dans la Marne, et les communistes du 2e secteur.

Les catholiques sont, en France, une minorité. On commence à se l'avouer et, ce qui est affaire de bon sens, à agir en conséquence. Des alliances sont nécessaires, ce qui ne veut pas dire nécessairement de honteux marchandages, mais simplement des transactions.

Personne ne peut se scandaliser que l'on traite avec des partisans de l'ordre social et de l'honneur national, pourvu qu'aucun abandon des revendications essentielles, assez peu nombreuses en fait, ne fasse les frais de l'accord.

Sur ces bases, les catholiques républicains contractent et contracteront sagement des alliances ou des cartels.

En face d'eux, l'A. F., pour qui la surenchère est un jeu commode, se présente avec son système de bouleversement politique. On peut douter légitimement de l'opportunité et des « chances » de cette « révolution », si tant est qu'elle soit possible ; on peut juger qu'il est dangereux, par ailleurs, de solidariser ces deux causes, de valeur fort inégale : une hypothétique restauration monarchique et la défense des intérêts religieux.

Cette irréductible antinomie a empêché, et empêchera sans doute longtemps encore, les alliances électorales des démocrates avec l'A. F. Les campagnes d'injures ont d'ailleurs mal préparé les cœurs à sympathiser.

Deux élections complémentaires

Electoralement inexistante, éloignée des démocrates par trop de polémiques et par les articles explosifs de son programme, l'A. F. est donc réduite à jouer seule son jeu.

A deux reprises, dans ces dernières années, il a

consisté à faire pièce aux modérés et aux démocrates en particulier.

C'est le cas des élections complémentaires de la Marne et du 2e secteur en particulier.

Dans la Marne, il s'agissait de faire échec à M. E. Pezet, directeur des services de presse de la F. N. C., candidat approuvé par S. E. le Cardinal de Reims et par Mgr l'Evêque de Châlons qui ont rendu hommage à la netteté des déclarations « catholiques » du candidat.

La *Croix de la Marne* soutenait la candidature Pezet. La veille de l'élection, les sections d'A. F. organisèrent des randonnées d'autos pour distribuer un tract diffamatoire, conseillant l'abstention. Le succès de M. Pezet était escompté à la Préfecture au moins pour le second tour.

Les deux candidats cartellistes furent élus au premier tour.

M. Pezet, qui avait recueilli 28.899 voix en 1924, n'en obtenait que 26.663 ; son colistier, 26.427. Le lendemain de l'élection, l'A. F. chantait victoire. M. Léon Daudet, candidat malheureux en Maine-et-Loire, était vengé.

La liste de la *Réconciliation et de l'Action Sociale* — dénomination électorale de l'A. F. — avait obtenu 6.026 voix, en 1924, dans le 2e secteur de Paris. Deux sièges étant devenus vacants, les élections complémentaires eurent lieu en mars 1926. Le ballottage du 17 mars exigeait une sévère discipline pour le deuxième tour.

MM. de Kérillis et Raynaud représentaient les idées républicaines nationales. Ils avaient donné aux présidents d'Unions Paroissiales et de la F.N.C. des garanties que ceux-ci avaient jugées acceptables du point de vue catholique.

L'A. F. survint et, jouant de la surenchère, elle s'érigea en juge suprême du débat. La manœuvre fut retardée jusqu'à l'avant-veille de l'élection : « manœuvre de la dernière heure », la plus dangereuse.

Une question posée en réunion publique par M. de Roux, et à laquelle M. de Kérillis répondit avec une pleine loyauté, eut l'effet prévu. Un communiste le précisa aussitôt : « L'A. F. a bien *zigouillé* les candidats nationaux. »

Résultat : deux communistes élus ; victoire de l'A. F.

M. de Roux expliqua par la suite, — distinction subtile et bizarre, — qu'il avait posé la question religieuse « en termes nationaux ». En quoi ce point de vue « national » pouvait-il modifier une réponse déjà connue et acceptée par les autorités catholiques compétentes ? A quel titre l'A. F. s'arroge-t-elle un droit abusif d'instruire des causes « catholiques » qui ont été jugées en dernier ressort par des autorités qui la dépassent ?

Ainsi la tactique ou la « manœuvre » supplée à la puissance des effectifs.

Dans la Marne : opposition aux instructions épiscopales — un an avant la « sécession » — aggravée par la distribution de petits papiers diffamatoires.

Dans le 2e secteur : surenchères, insidieusement présentées, avec « zigouillage » des modérés au profit des communistes.

Au moins, peut-on espérer qu'on en restera là.

Après le « *Non possumus* » l'arme de la surenchère religieuse ne sortira plus du fourreau de l'A. F.

Cela ne nous consolera pas du scandale.

Dans la Presse

Quantité négligeable sur le terrain électoral, l'A. F. compense cette faiblesse par son action sur la presse.

Le journal l'*Action française* est l'organe de la Ligue et du parti. La direction impétueuse de M. Daudet et le talent, malheureusement sophistique de M. Maurras, son mordant et son dogmatisme, lui ont assuré une vogue réelle, encore qu'un peu surfaite. Après sa mise à l'Index que les violences de langage, les outrages et les calomnies dont il s'est fait le haut parleur, à la suite des premières directions romaines ne légitiment que trop, une clientèle de curieux lui est venue pour un temps. Ce sont ces gens qui se portent volontiers, en témoins amusés, devant les champs clos où d'autres échangent des coups.

Des catholiques ont fait leur devoir en renvoyant leur abonnement. Ces désabonnements durent être assez nombreux, car nous en trouvons l'aveu dans un communiqué envoyé à la presse sympathisante, au lendemain du dernier conseil fédéral de l'A. C. J. F. pour toucher cette catégorie de ligueurs, les désabonnés.

Quelle est, à l'heure présente, la diffusion du journal ?

Une enquête menée dans la région de l'Ouest, où l'idée monarchiste passe pour très vivante, a donné les résultats suivants sur la vente du journal l'A.F.

Dépôt central et gare : journaux reçus et vendus:

Vannes : dépôt central et gare. Reçus : 33 ; vendus : 24. — *Quimper :* dépôt central et gare. Reçus : 60 à 70 ; vendus 35 à 40. Vente très irrégulière. *Morlaix* : dépôt central et gare. Reçus : 22 ; vendus 15. (Il y a 8 abonnés poste.) — *Lorient* : dépôt central et gare. Reçus : 100 ; vendus : 50 (25 abonnés poste). — *Laval* : dépôt central et gare. Reçus 45 ; vendus : 15. — *Le Mans* : dépôt central et gare. Reçus : 200 ; vendus : 100. — *Angers* : dépôt central et gare. Reçus : 102 ; vendus : 75. — *Nantes* : dépôt central et gare ; reçus : 180 ; vendus : 135 (abonnés : 75). — *Mayenne* : reçus : 3 ; vendus : souvent 0. — *La Roche-sur-Yon* : reçus : 25 ; vendus : 15 à 18. — *Redon* : reçus : 7 ; vendus : 3. — *Rennes* : reçus : 108 ; vendus :45. — *Cherbourg* : reçus : 55 ; vendus : 20 (nombre d'invendus en février : 550). — Totaux pour ces 14 villes : reçus : 980 ; vendus : 550 à 575.

La vente criée du journal à la porte des églises constitue, surtout depuis la condamnation, beaucoup plus une manifestation qu'une affaire commerciale. En plus de deux heures, un camelot vend 4 ou 5 exemplaires à la porte de Saint-Sulpice. Encore tel ou tel numéro est-il pris sans doute par quelque compère, ce qui est l'A B C de la propagande.

Pour une part, l'influence de l'A. F. sur la presse est explicable par des sympathies d'idées. Il y a, en province, un certain nombre de journaux qui prennent le « la », et qui s'essaient à vocaliser, si l'on peut dire, sur les modes établis par les Maîtres.

La *Nouvelle Guyenne* était de ceux-là. Elle fut si bonne élève qu'elle mérita une condamnation, elle aussi, et la censure de S. Em. l'archevêque de Bordeaux. La *Dépêche vendéenne* y est allée de son petit article sur Galilée ! La *Gazette de l'Ouest* exprimait tout simplement le regret que le général de Castelnau n'eût pas été tué, comme ses fils, à la guerre.

Tel autre s'acharne encore parfois à piétiner le cadavre de cet admirable chrétien que fut Henri Bazire.

Nous n'avons pas à dresser ici la liste des journaux de province qui soutiennent plus ou moins l'*Action française* dans sa révolte et dans sa campagne contre le Pape. Citons cependant l'*Eclair de Montpellier*, l'*Express du Midi,* qui ont publié plus d'un article regrettable. Citons aussi quelques-unes des petites feuilles locales qui déploient le plus d'acharnement au service de cette mauvaise cause, la *Gazette d'Aunis, Argia*, etc... Il faudrait demander compte aussi à de grands régionaux, comme le *Nouvelliste de Lyon* et le *Nouvelliste de Bretagne*, de leur étrange silence.

A Paris, même, l'*Avenir* et le *Figaro*, et le *Gaulois* lui-même, ont appuyé nettement telles ou telles des campagnes de l'*Action française* ; sans parler des journaux ou des publications qui sont entièrement à leurs dévotions, et en particulier *Candide* et le *Charivari*.

L'A. F. a trouvé des sympathies inattendues auprès de certains grands quotidiens. Quel « charme » n'a-t-elle pas mis en jeu ?

Rien de plus curieux que de voir les organes à qui elle fait aujourd'hui les honneurs de la *Revue de Presse* (1). On a assuré que tel article retentis-

(1) Voici un échantillon des extraits que les ciseaux de M. Tuc mettent sous les yeux des catholiques, obstinés lecteurs, malgré l'Index, du journal l'*Action française*. Le morceau est de M. G. Scelle, contre qui l'A. F., naguère, menait campagne :

« ... L'Eternel dont le Saint-Père et son ambassa-

sant, reproduit par elle, avait préalablement été dicté et « réglé » à son signataire qui ne s'en serait pas caché.

Tout est-il spontané dans la collaboration de tant d'organes divers à la campagne antiromaine de l'A. F. Supposons-le. L'*antichristianisme* de l'A. F. uni à un *anticléricalisme* dont elle fait preuve aujourd'hui est bien de nature à lui attirer les alliés bénévoles qui gardent par ailleurs leur indépendance. D'autres y trouveraient-ils quelque intérêt ? D'autres enfin ne sont guère que des suppléments, soit littéraires, soit « parisiens » (*sic*), soit illustrés de l'*A. F.*

Par la terreur

Les complaisances ou la pusillanimité d'autres organes sont moins faciles à expliquer. Le soupçon de vénalité ne saurait même les effleurer. Mais alors quelle puissance paralyse la plume de ses rédacteurs : la sympathie, la peur ?

Le chantage de la terreur et de l'injure s'exerce contre les faibles ou ceux qui acceptent de le paraître. M. Cornilleau, rédacteur en chef du *Petit Démocrate*, parce qu'il a une plume d'acier trempé, a été épargné. Tout au plus se plaint-on avec une insistance drôle, de sa « férocité » ! On s'est contenté de lui envoyer une assignation, autre procédé

« deur, Mgr Maglione, connaissent évidemment les se-
« crets, se chargera lui-même de détruire à l'heure
« les redoutables forteresses construites sur la fron-
« tière polonaise en vue d'une nouvelle agression alle-
« mande et, dans ces conditions, les prétentions du gé-
« néral Von Pawels, qui ont effrayé le maréchal Foch
« à la Conférence des Ambassadeurs, sont, en somme,
« négligeables. »

d'intimidation, qui manque son effet à être trop souvent répété. (1).

Rien n'illustrerait mieux leur méthode d'intimidation que la comparaison facile à établir entre leur attitude envers la *Croix* et celle qu'ils ont prise vis-à-vis de la *Vie Catholique*. Tandis que le moindre article de la *Croix*, ses notes les plus modérées et les plus discrètes sont aussitôt relevées et âprement discutées, les vigoureux articles de la *Vie Catholique* sont le plus souvent passés sous silence. On essaie de se donner l'air de les ignorer ou du moins de les mépriser...

Certes les injures n'ont pas été épargnées au journal qui, en fait, apporte le plus d'énergie et de constance dans la défense des directives romaines, mais on constate que l'*Action française* s'abstient systématiquement de reproduire les articles de la *Vie Catholique*.

La *Vie Catholique*, en six mois, aura reproduit ou résumé près de cinquantes colonnes de l'A. F. L'*Action française* n'aura pas même cité une colonne du journal qui la suit avec une aussi scrupuleuse attention.

Et ce seul exemple éclaire d'un jour significatif toute cette affaire. Lorsque l'*Action française* a quelque raison de supposer qu'elle fera taire ses adversaires, elle déploie contre eux tous les procédés d'intimidation et de chantage dans lesquels elle est passée maîtresse. Faites front, au contraire, elle adopte une tactique fort différente ; sur tous les terrains, elle refuse le combat, se contentant simple-

(1) L'A. F. aurait présentement quelque soixante procès en cours. Quel hommage rendu par elle à la Justice de la République.

ment de couvrir sa peu honorable retraite, autant dire ses dérobades, du flot habituel de ses basses injures et de ses niaises calomnies.

Cependant, il faut remarquer que l'*Action française* ne fait plus aucune distinction entre ses adversaires lorsqu'il s'agit d'user contre eux de représailles !

Les dernières listes de souscriptions de l'A. F. contiennent encore certaines précisions à cet égard. Des souscripteurs du nᵉ million de l'A. F. versent au trésor de pierre contre Rome le montant de leur désabonnement à la *Croix*, tout aussi bien qu'à la *Vie Catholique*. Tant il est vrai qu'on ne gagne rien à user avec eux de tant de ménagements. Malgré tout, nous devons bien supposer que les réactions de quelques lecteurs isolés ont suffi pour impressionner parfois les directeurs de certains journaux ou de certaines revues...

La *Vie Catholique* qui, on le sait, s'est toujours placée et maintenue sur le terrain religieux, se présentant comme un organe d'union dans la discipline, comptait parmi ses lecteurs fidèles de nombreux amis de l'A. F. En quelques mois elle perdit plus de trois mille abonnés, aujourd'hui ils sont tous compensés et bien au delà !...

Ces considérations générales nous dispenseront d'examiner davantage l'attitude de certains journaux ou de certaines revues à l'égard du mouvement condamné. Signalons seulement qu'en province et à l'étranger le Saint-Siège a trouvé des soutiens plus énergiques et plus convaincus. Citons au hasard, et sans vouloir les énumérer tous : la *Croix du Nord*, le *Bien du Peuple*, de Dijon, *l'Action Catholique* de M. l'abbé Bergey, l'*Ouest-Eclair*, le *Patriote des Pyrénées*, le *Mémorial de la Loire*, etc., etc...

*L'impuissance et la faiblesse de l'*Action Française

Il faut reconnaître que l'A. F. a su gagner des sympathies dans les milieux intellectuels, parmi les étudiants, les artistes, les romanciers, et, même, grâce à une propagande effrénée d'abonnements gratuits, parmi le clergé. On a vu un certain nombre de littérateurs et d'artistes défiler, témoins à décharge, dans le procès Maurras-Schrameck.

Le prestige du « Maître », dont le talent a été servi par une énorme publicité qui l'a sacré docteur, est pour beaucoup dans cet engouement. Le « pape de Paris » a rallié des fidèles à son « credo » politique qui s'impose avec ses mystères à la croyance des adeptes. On ne discute pas M. Maurras, et cette docilité inquiète ceux qui songent au positivisme total, « intégral », du docteur attitré de l'A. F.

Son cerveau est la matrice du monde, sorti de l'âge théologique dont parlait A. Comte, son maître à lui. Sa plume d'or est le pivot de la pensée humaine de l'avenir. Mais ce n'est que le petit nombre, même parmi les élites sociales, qui l'accepte pour chef. On ne peut pas oublier, ni traiter par le dédain tant de catholiques militants de tous les milieux sociaux, qui échappent complètement à l'emprise de l'A. F.

Quant à la masse paysanne, son ignorance et son indifférence à l'égard des néo-monarchistes sont telles qu'un évêque a cru devoir dispenser ses curés de la promulgation des documents romains que leurs fidèles n'auraient pas compris parce qu'ils ignorent tout du journal l'*Action française* et de la Ligue.

Impuissance, désarroi, contradiction

M. L. Dimier, un catholique qui a servi vingt ans dans les rangs de l'A. F., mais qui n'a pas pu se résigner plus longtemps à subir une emprise intellectuelle qui ne s'exerce pas sans tyrannie, a révélé la faiblesse de ce groupement qu'il connaît bien.

L'A. F. est incapable de réaliser son vieux programme de restauration monarchique, si tant est qu'elle y reste fidèle ; elle est acculée à des compromis qu'elle reprochait naguère comme des crimes aux catholiques de l'*Action libérale*. Elle ignore le prétendant qu'elle a durement traité quand il s'appelait Philippe, et qu'elle néglige depuis qu'il s'appelle Jean. Elle l'ignore parce que c'est la pensée du Maître qui doit régner, et non le descendant de tant de rois « qui ont fait la France ».

L'impuissance radicale de l'A. F. provient de ce fait : elle manque de chefs ; ni M. Maurras, ni M. Daudet n'en ont l'étoffe.

La faiblesse de M. Maurras est son esprit « qui porte sur un nihilisme absolu » ; son âme « la plus désolée qu'on puisse rencontrer » ; son « égoïsme », son « orgueil »; son « intolérance » ; ses « violences échappées à une colère brutale engendrée par l'admiration de soi-même », et donnant un spectacle, « d'autant moins supportable qu'elles animent un esprit doué de plus de force et d'autorité ».

« Où j'avais cru discerner le zèle, dit encore M. Dimier, je reconnus l'outrecuidance ; où je trouvais les signes d'une hardiesse heureuse, j'aperçus la témérité, la négligence, l'enfantillage. »

Le *journal* menait grand tapage, « derrière le journal, il n'y avait rien ».

La *Ligue* d'A. F. : « en province, des sections allaient par trois cents membres, dans lesquelles, venant au fait, on n'en trouvait que dix ».

Depuis la guerre, pendant laquelle chefs et membres de l'A. F. firent loyalement et généreusement tout leur devoir, l'hésitation et le flottement caractérisent plus que jamais la direction de M. Maurras. C'était le « désarroi sincère d'une entreprise désordonnée ».

« L'action partait chez nous, dit M. Dimier, d'une critique exacte, mais elle était conduite sans suite et sans génie. La disparition de Vaugeois avait achevé de l'affaiblir. Ce qui restait de chefs, inégaux à leur tâche dans les temps ordinaires, voyaient découvrir leur impuissance par les événements formidables que nous avions traversés... Quand la tempête fut apaisée, nous apparûmes sans gouvernail.

« Le coup de force est-il possible » ? demandait un jour M. Maurras. De tous les plans numérotés qu'il proposait, aucun n'a même pu être mis à l'essai ; vingt ans passés sans résultat sur le numérotage l'ont rendu ridicule. »

Au cours des *Etats Généraux*, on entendit un néo-royaliste, M. Robain, déclarer : « Nous sommes du nombre de ceux qui refusent de mêler la politique de parti aux conditions qui régissent le monde économique. » On vit aux élections les critiques implacables du parlementarisme inscrire leur nom sur des listes où ils voisinaient avec d'authentiques républicains, camoufler leur programme sous l'appellation de la « Réconciliation et de l'Action Nationale », briguer des mandats et s'irriter quand les consultations populaires les leur refusaient. M. Léon Daudet n'est peut-être pas consolé de son échec de 1924.

Restons-en là. La faiblesse et l'impuissance radicale de l'A. F. sont manifestes : derrière le journal, la Ligue, les chefs, il n'y a rien.

Mais quelle est l'imprudence des catholiques qui rêvent d'appuyer la défense religieuse sur l'inconsistance d'une nuée, et qui accrochent leur drapeau à ce fragile roseau !

Quelques faits caractéristiques

La souscription permanente de l'A. F. dérive sans doute vers des campagnes vaines, dans des sables irrémédiablement stériles, un ruisseau d'or qui pourraient féconder bien des œuvres.

Des représailles ont pu être exercées contre de pauvres curés, contre le Pape lui-même, à la suite des récentes condamnations. Le denier du clergé, le denier de Saint-Pierre ont pu en souffrir, en ont souffert. L'A. F., citant un confrère à qui elle laissait l'odieux du procédé, rappelait le mot d'un général romain : « Frappez au visage » ; « frappez à la bourse » disait ce confrère.

M. l'abbé Bergey a protesté dès le début contre cette forme de chantage. Les curés de France ont fait preuve en 1905 d'un trop grand mépris pour cette sorte d'argument ; on aurait dû se le rappeler.

Beaucoup de catholiques d'A. F. repoussent un tel procédé. D'autres mettent leur point d'honneur à compenser le déficit possible.

On fait grand état dans les milieux d'A. F. du concours financier que les « œuvres » trouveraient dans les milieux monarchistes. Il ne faut rien exagérer cependant.

Il faut même dire, et de très hauts témoignages nous en donnent le droit, que telle œuvre capitale a toujours trouvé le gros de ses ressources en dehors des milieux d'A. F. où les « souscriptions politiques » retiennent une large part des libéralités.

A Dijon, une vente de charité produit 58.000 fr., le 16 février. Ce chiffre est de beaucoup supérieur aux moyennes des dernières années.

A Bordeaux même, jamais la vente de charité organisée par l'Archevêché pour ses œuvres n'avait produit pareille somme : 30.000 francs de plus, dit-on, que les années précédentes.

Nous pourrions citer telle paroisse, dans l'un des quartiers les plus riches de Paris — sur la rive droite — où une constatation analogue a pu être faite.

Diverses manifestations récentes ont prouvé l'inefficacité des mesures d'intimidation de l'A. F. La cérémonie d'anniversaire de l'Encyclique *Ubi Arcano*, à Montmartre, fut une manifestation imposante, bien que le journal l'*Action française* ait tenté de la boycotter.

La dernière réception de la Nonciature fut particulièrement brillante. Le carnet mondain du *Figaro* et d'autres journaux en fait foi. Le banquet des *Publicistes chrétiens* fut aussi, malgré la consigne d'abstention donné par M. Bertrand de la Flotte, un éclatant hommage de respect et de soumission au Pape, représenté par S. Exc. Mgr Maglione : cent trente journalistes catholiques français, — et pour la plupart, naturellement, parisiens, — se pressaient autour du nonce, alors que les repas habituels de la Corporation, auxquels est toujours invitée une personnalité catholique éminente, groupent, en moyenne, une quarantaine de convives.

D'avance l'*Action française* avait annoncé un *fiasco* : « Nous avons été informés d'autre part, par de nombreux membres de la Corporation (?) de leur décision de s'abstenir. Plusieurs écrivains et journalistes qui ne sont pas des nôtres, ont fait savoir aux organisateurs qu'il ne leur serait pas possible, dans les circonstances actuelles,, de prendre part à cette manifestation. Un prêtre (?) a tenu à spécifier que sa présence ne devait pas être considérée comme un assentiment. Un journaliste (?) s'est refusé à rencontrer à cette fête « certains confrères oublieux de la plus élémentaire des vertus chrétiennes, la charité. »

Voilà « un journaliste » d'A. F. sans doute, devenu soudain bien ombrageux sur le chapitre de la charité. Quoi qu'il en soit, le banquet fut, et plus nombreux sans comparaison, et plus enthousiaste que jamais.

En vérité, la force réelle de l'Action française, quand on y regarde d'un peu près, est singulièrement surfaite ? Les listes de souscriptions, grossies de la munificence de quelques rares magnats du monde des affaires, ne doivent pas donner le change. Que sont quelques milliers de souscripteurs de la « locomotive » ; le train que remorque cette machine est peut-être *la Flèche d'or*, mais ses pulmann n'emportent qu'un petit nombre de voyageurs, et aucun prétendant n'est caché dans ses fourgons.

Conclusion

Que de fois en ces derniers temps « les catholiques d'Action française » (car ils se parent de ce titre qui les met à part ou semble leur conférer un privilège exclusif), ont répété : « Jamais nous n'avons trouvé dans notre journal ou parmi nos amis incroyants un mot, un seul mot qui compromette notre foi ou notre zèle : bien au contraire. Jamais on ne nous a montré nos erreurs, sinon en accumulant les calomnieuses imputations que des méprises, des haines, des intérêts ennemis prodiguent contre nous. Nous sommes iniquement frappés, pour le bien même que nous faisons à la France et à l'Eglise ! »

De l'examen attentif qui précède, la réponse sort avec une terrible évidence, et la voici résumée en deux mots : ces ligueurs obstinés dans leur sens propre vont à la fois contre leurs intentions et contre leurs prétentions ; et cela dans tous les domaines où, croyant servir les plus grandes causes, ils les dénaturent et les compromettent. — C'est cette douloureuse ironie et ce cruel danger qu'il importe enfin de voir en pleine lumière.

L'adultération des moyens et des fins

Dans l'*Action française*, il y a trois trames soi-disant distinctes, en réalité étroitement mêlées ; 1° le but politique qui, comme un drapeau mis en avant, rallie croyants et incroyants pour un dessein dont la légitimité est, en droit et en fait, incontestée ; 2° les moyens très variés qu'on préconise ou qu'on emploie, en vue d'atteindre ce but ; 3° la doctrine ésotérique des Maîtres, des « dirigeants » de ce mouvement qui est à la fois une *action* et une *école*. Or si l'Action française sait, au besoin, user de la distinction de ces trois trames pour faire bénéficier les moyens et la doctrine de la légitimité du but et de la liberté qu'elle réclame pour le viser, en réalité le sens inverse domine et inspire toute l'entreprise ; car c'est la « doctrine » qui détermine le choix des moyens, qui colore la fin entrevue et convoitée, qui anime d'une impulsion précise et d'une mentalité inédite le « néo-monarchisme » tout entier.

Sans doute la plupart des catholiques d'Action française ne peuvent et ne veulent pas se rendre compte des idées qui leur donnent secrètement le branle. Ou s'ils en ont quelque soupçon, ils se persuadent vite en être complètement indemnes. Ils espèrent même, après le succès dont ils ne doutent pas, infuser eux-mêmes leur idéal propre dans l'ordre restauré. Ils croient donc n'admettre les consignes consacrées « Politique d'abord » ou « Par tous les moyens » qu'en une signification limitée et expurgée, — sauf pourtant à se réjouir, comme d'une chance, d'avoir trouvé un maître incroyant et des alliés positivistes capables d'étendre le recrutement du parti et d'assumer les décisives besognes dont n'aimeraient pas à se charger eux-mêmes des chrétions un peu scrupuleux. — Eh bien, qu'ils se détrompent : s'ils ne sont pas dupes, et même s'ils le sont, ils deviennent et demeurent complices ; et la preuve en est qu'on ne saurait les irriter plus violemment, plus unanimement qu'en leur demandant de quitter leurs guides condamnés, afin de poursuivre par leurs propres moyens le but où ils tendent. N'est-ce pas en effet l'aveu qu'ils agréent chez leurs maîtres et alliés ce que ceux-ci introduisent de mauvais, puisque ce que d'eux-mêmes ils ont de bon leur paraît inopérant ? N'est-ce pas que les formules et les moyens qui, grâce à de bénignes interprétations spéculatives leur sont inculqués dans un sens acceptable, on les leur fait ratifier et pratiquer dans un sens intolérable, en les rattachant à des thèses et à des attitudes non seulement a-chrétiennes, mais anti-chrétiennes ? Et n'est-ce point encore une ironie de plus que cette prétention de compter principalement sur la force impersonnelle des institutions, tandis qu'ils se raccrochent désespérément à deux hommes, à un homme, sans qui leur œuvre paraît s'effondrer, sans qui tout paraît leur manquer ?

C'est ainsi qu'ils veulent profiter de la pensée de M. Maurras, sans la penser eux-mêmes, et qu'ils prétendent se servir de son ascendant intellectuel sans conniver avec le système dont ils célèbrent la force triomphante comme s'ils ne la subissaient pas. Se déclarant « *aveuglément soumis au Pape* » pour ne pas voir *clairement* qu'ils lui refusent la soumission doctrinale et pratique que le Pape réclame doctrinalement et disciplinairement d'eux, ils sont, sous prétexte *de claire évidence,* soumis *aveuglément* à leur Maître, en s'imaginant participer à son « génie », dès lors qu'ils répètent ses répétitions, ses déductions, ses inventions oraculaires : tels des somnambules croient voir les objets ou produire d'eux-mêmes les idées et les actes que l'hypnotiseur leur suggère, tandis que les réalités authentiques leur échappent ou se trouvent systématiquement déformées : cas d'hallucination collective, ou, dirait M. Daudet, psychose grégaire qui permet aux deux maîtres — prestidigitateurs — de maintenir coûte que coûte leur emprise et de tout conduire à l'extrême opposé des intentions les plus chères à ceux qu'ils ont su envoûter. Qu'on en juge par quelques exemples douloureusement instructifs.

Inventions déviées et prétentions déçues

L'*Action française* exalte l'ORDRE. Oui, mais quel ordre ? Et qu'est-ce que M. Maurras met sous ce mot autour duquel il range ses troupes de choc et ses pensées de derrière la tête ? Cet ordre, c'est celui qui n'est possible qu'en excluant l'idée d'infini comme un obscène chaos, l'ordre qui parque les corps et les esprits dans le cercle des harmonies esthétiques et des servitudes nécessaires, dans le chœur des voluptés et de la mort ; c'est l'ordre qui serait la canonisation du pire désordre, en éteignant la vie intérieure, le souffle de l'âme, l'aspiration religieuse.

L'*Action française* pourtant célèbre l'esprit ; elle est le parti de l'INTELLIGENCE. Oui, mais quelle intelligence ? Est-ce celle qui donne à l'homme le divin pouvoir de connaître le vrai absolu et d'atteindre l'être, d'affirmer Dieu ? Non ; c'est celle qui décapite la pensée traditionnelle de son spiritualisme chrétien, celle qui mutile même la doctrine d'un Aristote, en sacrifiant toute la métaphysique ; bien plus, c'est celle qui ampute le positivisme lui-même en rabattant la doctrine de Comte du plan des sciences et de l'humanité sur un empirisme utilitaire et nationaliste, sur une pseudo-physique qui ignore les complexités de la nature et de l'histoire et qui fait de la pensée une sorte d'entremetteuse au service d'un parti, au service de l'égoïsme sacré, au service de passions.

L'*Action française* proteste qu'elle a le souci incomparable de la vérité, qu'elle possède les évidences destructrices des nuées, qu'elle a plus que personne, qu'elle a seule même actuellement le sens du RÉEL. Oui ; mais quel réel ? les faits obvies, si facilement et souvent si involontairement arrangés ou méconnus par la sensibilité, par l'imagination, par l'esprit de système ; les apparences et les prétendues lois d'une physique politique, exclusion faite des facultés les plus hautes et de la nature profonde de l'être humain, de sa vie métaphysique et sociale. Et l'on use de ces abstractions, prises pour des intuitions, contre tout ce qui les dépasse ou les contredit: comme si de telles *données*, qui ne sont que des constructions fragmentaires, étaient de même plan et susceptibles du même degré de certitude que les vérités de la morale et que celles de la foi. Plaisante ironie : pour résister au Pape l'on invoque une certitude égale à celles « du calcul intégral, ou des intuitions sensibles » ; et, en énonçant la formule triomphante, on commet une énormité mathématique ! On ne se doute pas non plus que des yeux peuvent mal voir : et on raisonne comme un Soudanais qui se fâcherait si en lui montrant un bloc de glace et un baquet d'eau, on lui demandait de croire que c'est le même corps !

L'*Action française* a le culte de la compétence et de L'AUTORITÉ, l'horreur de la démocratie, qui est « le mal ». Oui ; mais quoi ! Tandis qu'elle ne cesse de honnir le suffrage populaire et sa « fausse mystique » (et en ceci elle parle d'or), elle trouve parfait d'accepter, de provoquer un referendum de « la fidélité française » et le témoignage doré des souscriptions, qui permettent à des adolescents, à des fillettes, à « un enfant d'un jour dont c'est la première bonne action », de prononcer sur les limites théologiques des deux pouvoirs, sur les « abus du Pape », sur « l'œuvre de salut que, de science certaine, on sait être la seule, la dernière chance de survie pour la France », on dit même parfois pour l'Eglise. Et l'on établit, avec autorité et très doctrinalement, le devoir et « la science de désobéir ». Ainsi devient-on anarchiste, par sens du gouvernement, de « l'archie ». Ainsi s'institue la discipline... du sens propre et de l'évidence infaillible !

L'*Action française* se vante du moins de n'être indisciplinée que pour le bien de ceux qui la forcent à cette cruelle et glorieuse extrémité, pour le salut de la Monarchie, de l'Elite, de la France, de la Religion, du Berger même qui, tirant sur ses meilleurs chiens, « les rate » et ne sera finalement délivré que par eux. Oui ; mais sous cette belle assurance, quelle réalité se cache ? Qu'adviendrait-il si, par impossible, le coup d'audace et de force réussissait ? L'autorité que nous promet M. Maurras, ce n'est pas celle qui naît de l'empire sur soi-même, qui sait d'abord obéir avant et afin de commander, qui se justifie par le dévouement, par la fidélité à tous les devoirs, celle qui, par les forces morales, sème la concorde entre les âmes et les peuples ; c'est celle qui « du dehors impose le mors et le frein » ; celle qui refoule les aspirations spirituelles et les ascensions populaires ; celle qui se préoccupe d'organiser les cadres où « automatiquement » chacun est bridé au service des maîtres-nés. Est-ce là l'esprit de la vieille et douce France très chrétienne, de l'antique aristocratie chevaleresque, de la courtoisie ; est-ce là cette générosité et cette magnanimité qui avaient fait la gloire et le rempart en même temps que le victorieux attrait de la France ? Comment ne pas voir que fonder la paix intérieure et extérieure sur les seules bases que l'empirisme désorganisateur de M. Maurras peut proposer, sur les moyens et les mœurs qu'il accrédite, sur les ressorts qu'il emploie à l'exclusion de tous autres, c'est rendre aux vieux royalistes la royauté indésirable, aux Français de tradition la France méconnaissable ; c'est accumuler sur toutes nos frontières et dans toutes les âmes les explosifs et les détonateurs ; c'est, sous prétexte de sécurité renforcée, *exposer* notre pays affaibli dans les sources de la vie et même le *condamner*, tôt ou tard, aux bouleversements et aux représailles, puisque les classes populaires et les nations voisines (surtout si elles s'inspiraient de ces mêmes maximes comme elles n'y sont que trop portées), ne se feraient pas scrupule d'écraser cette mèche allumée, cet engin de compression violente, ce foyer de nationalisme hargneux ! L'artifice de M. Maurras consiste à faire croire que tous ceux qui ne professent pas sa politique exclusive sont exclusifs dans le sens inverse de celui où il l'est, et que, dès lors, ils trahissent nos intérêts les plus sacrés par un pacifisme désarmant et meurtrier. Quelle erreur ! Si, un seul instant, les catholiques d'A. F. voulaient bien admettre qu'en dehors d'eux peuvent exister des patriotes aussi soucieux qu'eux-mêmes d'assurer la protection et la grandeur de la France, ils s'apercevraient peut-être que, sans négliger les moyens de leur choix, on peut et on doit en procurer d'autres, faute desquels le péril redouté ne serait que différé et accru.

L'*Action française* tour à tour s'enferme dans l'enceinte de la nature et de la politique (comme si elle y était à l'abri de tout contrôle, autant que « respectueusement » étrangère à toute ingérence dans le domaine moral ou religieux), et se vante de servir l'Eglise, de glorifier la Romanité tutélaire, d'être seule intégriste en doctrine et en action, d'organiser l'idée de Dieu telle que la comporte un état policé, de comprendre et de continuer ainsi le bienfait suprême du catholicisme. Oui ; mais quel Dieu est-ce donc là, quelle Eglise et quelle Romanité ? Sous couleur de combattre et l'hypocrisie théistique, et le Christ hébreu, et les turbulentes Ecritures des Juifs obscurs, des Réformateurs, des Romantiques, des Bolchevistes, c'est bien Jésus de Nazareth, c'est bien l'esprit spécifiquement évangélique, c'est bien l'autorité pontificale et œcuménique, c'est bien la chrétienté authentique, c'est bien le Dieu vivant et infini que « le Maître à penser » de l'A. F. pourchasse, qu'il fait oublier, méconnaître, éliminer. Organiser l'idée de Dieu, qu'entend par là M. Maurras ? Pour les initiés c'est savoir que Dieu n'est pas; c'est « éprouver le besoin de se passer de Dieu » ; pour les simples qui n'ont pas cessé de pactiser avec l'absurde, pour les « serviteurs » qu'il importe de maintenir dans leur heureux esprit servile, c'est canaliser les forces mystiquement révolutionnaires, faire la part de la déraison, vacciner par ce mythe de l'idée de Dieu — d'un Dieu qui, encore une fois, n'est qu'une idée — les âmes en mal d'infini. Et vraiment telle est la pièce maîtresse du « système admirablement cohérent », tel, le secret des secrets ; c'est là que s'inspirent et que viendraient aboutir, ô catholiques d'Action française, vos moyens irremplaçables, vos maîtres dont vous ne pouvez vous passer, votre restauration qui, si elle triomphait par l'esprit et dans l'esprit qui anime l'entreprise telle qu'elle est conçue et dirigée, serait la pire catastrophe spirituelle pour la France et pour l'Eglise ; non plus seulement « le rendez-vous des hérésies et des schismes », mais la mort des âmes, mais le catholicisme athée et mondain, mais l'évacuation du mystère de la Croix et de la charité du Christ.

L'effondrement inévitable

Il est temps de conclure.

En dépit d'apparences spécieuses, nul plus que M. Maurras n'a abusé des nobles mots et des grandes idées d'ordre, d'autorité, de raison, de discipline. Nul plus que lui n'a profité du besoin renaissant qui travaillait tant de généreux esprits, mais pour faire dévier et pour conduire à l'échec ces aspirations salutaires. Nul n'a plus compromis et retardé le retour « vers un ordre social chrétien » commencé par les précurseurs et les disciples de l'Encyclique *Rerum novarum*, et n'a plus nuisiblement substitué à cette rénovation spirituelle et à cet apostolat vivifiant un effort dur et amoral vers un ordre politique païen, et *pire que païen*, puisqu'il renie la plus haute part de la pensée antique et puisqu'il a en horreur les vertus proprement chrétiennes. Nul n'a plus insidieusement défiguré maintes âmes catholiques et contrefait le visage même de la patrie du dévouement, de l'idéalisme apostolique, de la charité magnanime. Nul n'a davantage perverti le sens de l'intelligence en la rabaissant à un rôle de proxénète sans dignité propre : faire de lui un représentant, le représentant par excellence de la Pensée pure, de la puissance royale de l'esprit, quel comble de méprise ! Nul n'a préparé plus paradoxalement la faillite de la discipline fondée sur la foi confiante et aimante, en y substituant une orgueilleuse présomption du sens propre, des fausses évidences, des ratiocinations passionnées, des distinctions abstraites et sophistiques. Nul n'a plus subtilement blasphémé le Christ et n'a réduit l'idée de Dieu à une fonction plus laide. Et voilà « le Maître », « l'unique Sauveur » dont tant de catholiques ne peuvent pas plus se passer que les morphinomanes de leur drogue, celui « par la grâce de qui », comme le dit un souscripteur de l'A. F., l'ordre, rétabli dans les esprits, le sera dans les institutions et les faits ! Dès le début de sa carrière littéraire et politique, M. Maurras, en termes qu'il n'a jamais reniés, ne déclarait-il pas lui-même n'avoir réussi à trouver pour sa pensée aucun appui métaphysique, aucune foi religieuse ; et il ajoutait que c'est ce nihilisme pur qui s'allie le mieux à un conservatisme intégral. Et dire qu'aujourd'hui tant de fidèles, qui croient rester fidèles à leur christianisme, fondent « leur unique espoir pour le salut de la France, pour la sécurité de la société, pour la défense de l'Eglise » sur M. Maurras, qui a fondé lui-même son œuvre et sa vie sur le vide !

Pendant qu'il en est temps encore (et il n'est que temps), puissent tant de catholiques abusés apercevoir ce qui, dans quelques années, dans quelques mois, deviendra l'évidence même. S'ils tardent, de quel mal ne seront-ils pas responsables ! Et quand ils auront enfin discerné l'inanité de leurs chimères en découvrant de quel côté se trouvaient et le véritable sens de l'intérêt national et le devoir de la fidélité française et catholique, quand derrière les façades blanchies de ce qui n'est qu'un sépulcre aura disparu le faux prophète avec sa Jérusalem de rêve et de domination charnelle, alors ils n'auront pas assez de larmes pour effacer les fautes et les ruines ; alors ils méditeront, avec épouvante, l'éternelle vérité du psaume : Si le Seigneur n'édifie et ne garde la cité, en vain travaille et veille qui la bâtit et la défend !

ERRATA

Page :	Ligne :	Au lieu de :	Lire :
8	31	fabriquant	utilisant
13	12	Deux chapitres présenteront	Un chapitre présentera
18	16	l'idée de l'exposé	l'idée, l'exposé
41	14	mula	mala
56	17	promulgé	promulgué
87	12	se la rendre	se rendre
95	note	son signataire qui	son signataire y
98	2	Maurice Proust	Marcel Proust
102	note 2	raspots	ragots
117	12 et 20	Sainte Velme	Sainte-Vehme
137	18	certaines furent même sanglantes	certaine fut même sanglante
141	2	l'Eglie	l'Eglise
151	1	fausse	faussé

TABLE DES MATIÈRES

Imprimerie de La Vie Catholique

www.ingramcontent.com/pod-product-compliance
Ingram Content Group UK Ltd.
Pitfield, Milton Keynes, MK11 3LW, UK
UKHW021129260726
13994UKWH00001B/70

9 782329 087696